Julian Nida-Rümelin
Der Akademisierungswahn

Julian Nida-Rümelin

Der Akademisierungs-wahn

Zur Krise beruflicher
und akademischer Bildung

Bibliografische Information der Deutschen Nationalbibliothek

Die Deutsche Nationalbibliothek verzeichnet diese
Publikation in der Deutschen Nationalbibliografie;
detaillierte bibliografische Daten sind im Internet unter
http://dnb.d-nb.de abrufbar.

Umschlag: Groothuis. www.groothuis.de
Covergestaltung und Illustration: Ralf Nietmann | ralfnietmann.de
Herstellung: Das Herstellungsbüro, Hamburg |
buch-herstellungsbuero.de
Druck und Bindung: CPI – Clausen & Bosse, Leck
Printed in Germany

ISBN 978-3-89684-161-2

www.edition-koerber-stiftung.de

Inhalt

Dritter Teil: Zur Krise akademischer Bildung

Anhang

Vorwort

Am 1. September 2013 erschien ein Interview in der *Frankfurter Allgemeinen Sonntagszeitung*, in dem ich mich mit deutlichen Worten gegen den grassierenden »Akademisierungswahn« gewandt habe.[1] Entgegen früheren öffentlichen Stellungnahmen von mir, die in eine ähnliche Richtung gingen[2], hatte diese ein unerwartet starkes Echo: Bei der CDU-Bildungsministerin Johanna Wanka und der SPD-Generalsekretärin Andrea Nahles schon am Tage darauf ein kritisches, im Verlaufe der nächsten Tage und Wochen aber auch ein zunehmend positives. Der damalige österreichische Bildungsminister Karlheinz Töchterle schrieb mir einen Brief und betonte seine große Übereinstimmung mit meiner Auffassung, ebenso der Bundesverfassungsrichter Andreas

---

1 Auszüge im Anhang.

2 Zwei davon sind im Anhang abgedruckt: »Der nächste Bildungsnotstand«, erschienen am 17. Mai 2010 in der *Süddeutschen Zeitung,* und »Bildungspolitik auf Abwegen«, erschienen am 16. August 2013 in der *Frankfurter Allgemeinen Zeitung,* vgl. auch Julian Nida-Rümelin, Birgit Schnell, »Je mehr Akademiker, desto besser?« in: Jörg Tremmel (Hrsg.) *Generationengerechte und nachhaltige Bildungspolitik* (2014).

Voßkuhle in einem kurzen mündlichen Austausch, auch die Konrad-Adenauer-Stiftung schloss sich im Wesentlichen dieser Meinung in einem Papier an, das einige Wochen später erschien.[3] Sowohl aus den Gewerkschaften als auch aus dem Bereich der mittelständischen Unternehmen kamen überwiegend positive, vereinzelt auch negative Stellungnahmen mit einer interessanten Tendenz: Zustimmung von Seiten der Praktiker, insbesondere der Personalverantwortlichen, Widerspruch von Seiten der Bildungsabteilungen.

Mit diesem Essay möchte ich meine Überzeugung, dass wir uns auf einem gefährlichen Weg befinden, der am Ende *sowohl* die akademische *als auch* die berufliche Bildung beschädigen könnte, in einen größeren Zusammenhang stellen. Dies knüpft an meine *Philosophie einer humanen Bildung* an, die, 2013 ebenfalls bei der edition Körber-Stiftung erschienen, den überwiegend technokratisch ausgerichteten Bildungsreformen der jüngsten Vergangenheit eine inhaltliche Bildungskonzeption entgegenstellte. Dieser Essay zum Akademisierungswahn kann jedoch ohne Kenntnis der *Philosophie einer humanen Bildung* gelesen und verstanden werden. Die wichtigsten philosophischen Grundlagen entwickle ich im ersten Teil, um dann darauf aufbauend im zweiten und dritten die Doppelkrise beruflicher und akademischer Bildung zu erörtern. Es bleibt aber nicht lediglich beim Befund: Zunächst geht es mir um eine klare Sicht auf die zuletzt ein-

---

3 Hartmut Hirsch-Kreinsen, »Wie viel akademische Bildung brauchen wir zukünftig?«, in: Konrad-Adenauer-Stiftung (Hrsg.), *Analysen & Argumente*, Nr. 136 (2013).

getretenen Veränderungen und die Gefährlichkeit des aktuellen Trends, um dann aber – optimistisch – Perspektiven für
eine Korrektur dieses Weges aufzuzeigen. Es gibt erstaunlich
effektive Stellschrauben. Über diese verfügt nicht einfach
der Staat, dazu ist das Bildungswesen in Deutschland zu plu-
ralistisch verfasst, sondern auch die Wirtschaft, die Gewerkschaften und vor allem diejenigen, die die Bildung durch
eigene Berufspraxis und Lebensentscheidungen tragen: Die
Lehrenden und Lernenden. An diese richtet sich dieser Essay
in allererster Linie, aber auch an die Fachleute aus dem Bildungswesen: An Lehrerinnen und Lehrer, Verantwortliche
in den Ministerialverwaltungen, bei den Kammern, den Gewerkschaften und Wirtschaftsverbänden, in der Hochschul-
pädagogik und Bildungsforschung

Dies ist der Essay eines Philosophen, aber auch eines
durchaus besorgten Bürgers. Es will Denkanstöße geben,
nicht Rezepte formulieren. Eine Korrektur des aktuellen
Trends im Bildungswesen wird nur in enger Kooperation
zwischen Theorie und Praxis möglich sein. Ich würde mir
wünschen, dass dabei die Reflexion darüber, was – akademische und berufliche – Bildung unter zeitgenössischen Bedingungen ist und soll, eine größere Rolle spielt als bisher.
Mit diesem Essay will ich keinen Meinungskampf gewinnen,
sondern Anregungen zu einer weiterführenden Debatte und
zu einer veränderten Bildungspraxis geben.

Ein besonderer – anonymer – Dank geht an die Präsi-
denten und Rektoren von siebzehn führenden deutschen
Universitäten, mit denen ich im Rahmen eines Forschungs-
projektes, das von PricewaterhouseCoopers durchgeführt

wurde, in den Jahren 2012 und 2013 intensive und ergiebige Gespräche zur Sicht der Hochschulleitungen auf die aktuellen Bologna-Reformen und die Exzellenzinitiative führen konnte.[4] Die hier vorgestellte kritische Sicht auf die Entwicklung der Hochschulbildung in Deutschland ist meine eigene, mit ihr stehe ich aber keineswegs allein.

Ebenso danke ich den Industrie- und Handels- sowie den Handwerkskammern, die mir Gelegenheiten zur Vorstellung meiner Thesen gegeben haben. Der Gedankenaustausch dazu – und die überraschend große Übereinstimmung – haben mich bestätigt, diesen Essay zu verfassen.

Ich danke der Körber-Stiftung – dort besonders Matthias Mayer und Bernd Martin – für die Unterstützung dieses Projektes (auch in Form von Veranstaltungen), Niina Zuber für Recherche und Redaktion sowie den Veranstaltern und Teilnehmenden meiner Vorträge zu Bildungsfragen in den vergangenen Monaten für wichtige Denkanstöße, Kritik und Bestätigung.

München, im September 2014
Julian Nida-Rümelin

---

4 Vgl. http://www.pwc.de/de/offentliche-unternehmen/steuerungsprobleme-grosser-universitaeten.jhtml, dazu i. V. Christian Marettek: *Steuerungsprobleme großer Universitäten in Zeiten der Exzellenzinitiative – und ihre hochschulpolitischen Konsequenzen.*

Einführung

Eine der meistzitierten Äußerungen eines Philosophen lautet: »Die Eule der Minerva beginnt erst mit der einbrechenden Dämmerung ihren Flug.« Die Formulierung stammt von Georg Wilhelm Friedrich Hegel[5] und soll besagen, dass sich die Philosophie (oder generell die Weisheit) immer erst dann einstellt, wenn der Gegenstand der philosophischen Erkenntnis schon seinen Abend erlebt, also im Verfall begriffen ist. Die *Nikomachische Ethik* des Aristoteles könnte man als einen besonders faszinierenden Beleg für diese These heranziehen: Aristoteles (384 – 322 v. Chr.) entwickelt seine politische Philosophie, in der das Leben in einer *Polis*, einem Stadtstaat, als das allein menschengemäße beschrieben wird, in der Endphase der griechischen Polis-Kultur und ist, wenn man so will, an ihrem Untergang sogar persönlich beteiligt. Denn schließlich weilte Aristoteles über Jahre am Hof des Makedonier-Königs Philipp (382 – 336 v. Chr.) und war Erzieher seines Sohnes, des späteren Alexander des Großen (356 – 323 v. Chr.). Philipp aber erobert Griechenland,

---

5 Aus *Grundlinien der Philosophie des Rechts* (1820), Vorrede.

sein Sohn errichtet eines der größten Reiche der Geschichte mit einer an asiatische Traditionen angelehnten Herrschaftsform. Die Zeit der mehr oder weniger autonomen Stadtstaaten, in der die freien Bürger ihre Geschicke selbst in die Hand nehmen – und somit die erste Phase der Demokratie in unserem Kulturkreis –, ist damit beendet. Aristoteles scheint jedoch diesen bevorstehenden Niedergang nicht geahnt zu haben. Mit keinem Wort erwähnt er eine mögliche Gefährdung der griechischen Stadtstaaten oder erörtert den sich abzeichnenden Loyalitätskonflikt zwischen makedonischem Königshaus und athenischer Bürgerschaft. Der griechische Stadtstaat scheint für ihn die einzig denkbare humane Lebensform zu sein.

Ich mache mir diese, letztlich resignative Sichtweise nicht zu eigen. Ich glaube (noch) nicht, dass alles verloren ist, dass ein humanes Bildungsideal keine Zukunft hat und in diesen Jahren endgültig zu Grabe getragen wird. Ich erwarte nicht, dass dieser Essay und die vorausgegangene Schrift *Philosophie einer humanen Bildung*[6] im Rückblick als philosophischer Abgesang interpretiert werden müssen. Die philosophische Erkenntnis ist in meinen Augen nicht selbstgenügsam; wo sie sich als selbstgenügsam versteht, befindet sie sich in einer Sackgasse. Beide Texte sind aber auch keine Kampfschriften, das wäre mit einer philosophischen Perspektive unverträglich. Eine humanistische[7] Philosophie hat eine pragmatische

---

6 Julian Nida-Rümelin, *Philosophie einer humanen Bildung*, Hamburg (2013). (Bei Verweisen auf eigene Publikationen im Folgenden JNR)
7 Unter »Humanismus« wird sehr Unterschiedliches verstanden. In

Dimension: Sie beschränkt sich nicht auf die Anleitung der Praxis, aber sie ist für diese relevant. Diese Schrift versteht sich nicht lediglich als philosophisch inspirierte Diskussionsbemerkung. Sie will nachdenklich machen, aufrütteln, bevor es zu spät ist, und für eine grundlegende Korrektur des eingeschlagenen Pfades werben.

Unser Bildungssystem befindet sich in einer Krise: Die Reformanstrengungen der letzten zwei Jahrzehnte haben zweifellos manches verbessert, zugleich waren sie jedoch nicht von einer kulturellen Leitidee getragen. Sie verfolgten bescheidene Ziele, wie das der internationalen Anschlussfähigkeit und der Verbesserung der beruflichen Verwertbarkeit, und haben doch in eine tiefe Krise des Bildungssystems als Ganzes geführt. Wenn meine Diagnose zutrifft, hängt das eine mit dem anderen zusammen: Gerade weil diese Bildungsreformen glaubten, ohne kulturelle Leitidee auskommen zu können, haben sie grundsätzliche Probleme heraufbeschworen, die nicht durch die Korrektur an der einen oder anderen Stelle behoben werden können, sondern nur durch

---

Über menschliche Freiheit habe ich einen theoretischen von einem praktischen Humanismus unterschieden und deutlich gemacht, dass im Kern des Humanismus die menschliche Fähigkeit steht, sich von Gründen affizieren zu lassen. Theoretischer (oder anthropologischer) Humanismus beruht auf dem Vertrauen in diese menschliche Fähigkeit, und der ethische Humanismus füllt dies mit dem Inhalt einer humanen Lebensform, gruppiert um die kanonische Trias von Vernunft, Freiheit und Verantwortung (ausgeführt in meiner Reclam-Trilogie *Strukturelle Rationalität*, Stuttgart [2001], *Über menschliche Freiheit*, Stuttgart [2005] und *Verantwortung*, Stuttgart [2011]).

einen Richtungswechsel. Für einen solchen Richtungswechsel plädiert diese Schrift.

Krísis heißt im Altgriechischen »Urteil« oder »Entscheidung«. In seiner ursprünglichen Bedeutung ist *krísis* das »Stellhölzchen«. Nimmt man es heraus, verändert sich der weitere Prozess grundlegend. Man kann das Stellhölzchen nach rechts oder nach links einrasten lassen, und entsprechend fließt das Wasser in eine andere Richtung. Somit können gewaltige Veränderungen durch minimale Korrekturen an geeigneter Stelle erreicht werden. Die aktuelle Bildungskrise verlangt nach einer Entscheidung: Das Stellhölzchen muss neu eingerichtet werden, um den gewaltigen Strom einer Reformdynamik auf Humanität, Autonomie und Inklusion zu leiten. Wir müssen die kulturellen Leitideen klären, die unseren Bildungsreformen Orientierung geben.

Der Titel dieser Schrift »Der Akademisierungswahn« weckt Ressentiments. Als ich ihn zum ersten Mal verwendete,[8] reagierte ich auf die immer gleichen Argumente einer unterdessen verfestigten Bildungsideologie. Demnach könne es doch nur gut sein, wenn so viele Menschen wie möglich studieren, Bildung sei schließlich eine Investition in Produktivität und wirtschaftliches Wachstum. Zudem globalisiere sich der Arbeitsmarkt und Deutschland habe sich an internationalen Standards zu orientieren, um mithalten zu können. Die Ansprüche an einzelne Berufe seien stetig gestiegen, was für eine Verlagerung der betreffenden Ausbildung an die Hochschulen spreche. Außerdem liege es doch auf der Hand, dass

---

8 Siehe Anhang.

eine weiter steigende Studierendenquote wünschenswert ist, solange Akademiker mehr verdienen als Nichtakademiker. Auch die geringere Arbeitslosigkeit unter Akademikern wird als Argument für eine weiter steigende Studierendenquote vorgebracht.

Wir werden sehen, dass keines dieser Argumente bei genauerer Betrachtung haltbar ist. Dies zu erkennen erfordert weder übermäßige Intelligenz noch jahrelange Beschäftigung mit den Befunden der Bildungsforschung. Umso überraschender ist, dass sich diese Argumente so hartnäckig halten. Darin liegt für mich die eigentliche Herausforderung: Eine attraktive Alternative aufzuzeigen, ein anderes, im Kern humanistisch und pragmatistisch geprägtes Bildungsverständnis zu Grunde zu legen und damit mehr Respekt vor Individualität und kultureller Vielfalt zu zeigen. Die *These des Akademisierungswahns* lässt sich in folgender Weise ausdifferenzieren:

1. Es ist falsch, Jugendlichen zu suggerieren, dass sie auf ihrem Bildungsweg gescheitert sind, wenn sie nicht die Hochschulreife erreichen und dann ein Studium aufnehmen.

   1.1. Es ist in Sonderheit falsch, die Tatsache zu kritisieren, dass sich ein Teil der Studienberechtigten für einen Ausbildungsberuf entscheidet.[9]

---

9 2010 verfügten 20,9 % derjenigen, die eine Ausbildung begonnen haben, über eine Hochschul- bzw. Fachhochschulreife (Statistisches Bundesamt, *Wirtschaft und Statistik*, Wiesbaden [2011],

1.2. Es ist falsch, die gestiegenen Abbrecherquoten pauschal als ein didaktisches Versagen der Hochschullehre zu interpretieren.

2. Der generelle Trend, immer mehr Berufsausbildungsgänge zu Hochschulstudiengängen umzubilden, ist falsch.

2.1. Das Bestreben, einen möglichst großen Anteil der Berufsausbildung an die Hochschulen zu verlagern, zeugt von mangelndem Respekt gegenüber der Qualität der beruflichen Bildung.

2.2. Auf diese Verlagerung sind die Universitäten und oft auch die Fachhochschulen nicht vorbereitet.

2.3. Die Akademisierung der beruflichen Bildung ist in der Regel mit einem Qualitätsverlust und nicht mit einem Qualitätsgewinn verbunden.

3. Die demografische Entwicklung lässt die Jahrgangsstärken jedenfalls für den überschaubaren Zeitraum der nächsten zwei Jahrzehnte sinken. Ein weiteres Anwachsen der Studierendenquote bedeutet daher in der Konsequenz ein – sicher unbeabsichtigtes – Abwracken der nichtakademischen Berufsbildung im dualen System.

3.1. Schon heute bestehen die größten Lücken im

S. 1004). Den Wunsch, eine duale Berufsausbildung aufzunehmen, äußerten in 2010 und 2012 rund ein Viertel aller Schüler mit Hochschul- und Fachhochschulreife (Datenreport zum Berufsbildungsbericht 2013, Bundesinstitut für Berufsbildung).

Arbeitskräfteangebot nicht im akademischen, sondern im nichtakademischen Sektor.

3.2. Nur wenn das gesamte Begabungsspektrum auch in nichtakademischen Berufen präsent bleibt, haben diese eine gute Zukunft.

3.3. Die Vorstellung, sozialer Aufstieg manifestiere sich in einer Abkehr vom Handwerklichen, Technischen und generell vom Praktischen, ist in vielen Kulturen der Welt aus erklärlichen historischen Gründen tief verankert. Und dies beeinflusst auch solche Kulturen, die aufgrund der zünftischen Tradition einen eigenen Handwerkerstolz, eine Hochschätzung des Haptischen, des Technischen, des Handwerklichen und Gestaltenden kennen. Dazu zählt – möglicherweise sogar an vorderster Stelle weltweit – der deutschsprachige Raum in Europa. Aber auch in Italien gibt es diese Tradition, was wenigstens zum Teil das hohe Niveau des verarbeitenden Gewerbes in Italien erklärt.

Eine zentrale Ursache des Akademisierungswahns der letzten Jahre ist der internationale Vergleich. Es lässt sich allerdings rasch feststellen, dass dieser regelmäßig in die Irre führt. So wird die Akademikerquote in den USA gerne mit über 40 % beziffert[10], während sie – bei Vergleich des Ver-

---

10 Von der OECD wird der Anteil der 25- bis 64-Jährigen mit einem tertiären Bildungsabschluss 2011 mit 42 % beziffert. Vgl. OECD

gleichbaren[11] – nach meiner Einschätzung im Sinne des deutschen Bildungssystems bei unter 10 % liegen dürfte. Unterschiedliche Bildungssysteme haben unterschiedliche Stärken und Schwächen. Nichts liegt mir ferner, als zu behaupten, die spezifisch deutsche Bildungstradition, die wir gegenwärtig abwracken, sei anderen Bildungssystemen überlegen. Für Bildungschauvinismus besteht keinerlei Anlass. Was ich aber kritisiere, ist die aktuelle Normierungstendenz, die Standardisierung und Verflachung unter dem Motto der Globalisierung und die damit zusammenhängende Tendenz, Chimären zu entwickeln, das heißt: nicht etwa das US-amerikanische Bildungssystem zu kopieren, sondern einzelne Teile daraus mit anderen Teilen zu kombinieren, ohne dass erkennbar wäre, wie das eine mit dem anderen passend gemacht werden könnte. Ich wende mich mit dieser Schrift also nicht nur gegen eine falsch verstandene Bildungsglobalisierung, sondern auch gegen den verbreiteten Bildungseklektizismus.

---

iLibrary – *Education at a Glance*: http://stats.oecd.org/ (zuletzt aufgerufen am 31.05.2014).

11 Diese Angabe bezieht sich ebenfalls auf das Jahr 2011. Unter Akademikerquote wird hier der Anteil der Bevölkerung (ab 25 Jahren) verstanden, der an einer Einrichtung sein Studium abgeschlossen hat, an der Forschung eine wesentliche Rolle spielt und die Lehre forschungsorientiert ist. Die hohe Abweichung zur OECD (42 %) kommt dadurch zustande, dass nur 20 % der US-Hochschulen mit deutschen Universitäten vergleichbar sind (vgl. *Carnegie Classification of Academic Institutions*, www.nsf.gov, zuletzt aufgerufen am 31.05.2014) (vgl. Ulrich Grothus, »Amerika, hast du es besser?«, in: *Forschung und Lehre* [Oktoberausgabe 2008]).

Unterdessen zeichnet sich selbst bei der OECD ein vorsichtiger Kurswechsel ab. Er drückt sich zwar bislang nicht in einer Korrektur der bisherigen Empfehlungen aus, den tertiären Sektor, also den Anteil der Studierenden, besonders in Deutschland und Österreich, deutlich zu erhöhen, um internationale Standards zu erreichen. Immerhin aber lobte die OECD das duale System in Deutschland mehrfach und regt seine Implementierung auch in anderen Ländern an.[12] Den Gesetzen der Logik folgend müsste die OECD ihre bisherigen Empfehlungen korrigieren, denn das duale System hat bei Fortsetzung des jetzigen Akademisierungstrends keine Zukunft. Besonders gefreut hat mich, dass diese Debatte am Ende sogar in die Koalitionsverhandlungen, an denen ich noch für einen anderen Bereich, nämlich die Kulturpolitik, teilgenommen hatte, Eingang fand: »Die berufliche Bildung in Deutschland ist ein Erfolgsmodell und bietet vielen Menschen eine hervorragende Qualifizierung und damit einhergehende positive Karriere- und Lebenschancen. Sie leistet einen wichtigen Beitrag zur Sicherung unseres künftigen Fachkräftebedarfs und Wohlstands. Die Koalition wird einen Schwerpunkt auf die Stärkung der beruflichen Bildung

---

12 Eine duale Ausbildung bedeutet, dass der überwiegende Teil der Ausbildung im Betrieb erfolgen muss. So haben zwar die meisten Länder eine Form der Berufsbildung implementiert, diese findet allerdings zumeist an Vollzeitschulen statt. Nur in Deutschland, Österreich, Dänemark und der Schweiz wird das duale System praktiziert. http://www.bpb.de/politik/innenpolitik/arbeitsmarktpolitik/55198/die-duale-ausbildung (zuletzt aufgerufen am 17.07.2014).

legen.«[13] Später: »Wir wollen die duale Ausbildung stärken und modernisieren.«[14]

Zur Zeit der Veröffentlichung des Interviews leitete ich die Grundwerte-Kommission der SPD (2009–2013), und schon von daher wurden meine Stellungnahmen mit großer Verwunderung aufgenommen. War es nicht die SPD, die jahrelang für eine unbegrenzte Ausweitung des Hochschulzugangs eingetreten war und das Leistungsprinzip an den Schulen in Frage stellte? Hatten nicht die Konservativen dagegengehalten und vor einem Qualitätsverlust des Gymnasiums gewarnt? Tatsächlich gab es diese parteipolitischen Frontstellungen vor allem in den 1970er Jahren, aber das ist lange her. Seit Beginn dieses Jahrhunderts hat sich eine allumfassende Koalition gebildet, die den OECD-Standards oder das, was dafür gehalten wird, auch in Deutschland nacheifert. Selbst die CSU in Bayern rühmt sich unterdessen der Verdoppelung des Jahrgangsanteils der Hochschulzugangsberechtigten innerhalb weniger Jahre. Die Auseinandersetzungen fokussierten seit Ende der 1990er Jahre zunehmend auf Strukturfragen und klammerten die Bildungsinhalte und die gesellschaftlichen und kulturellen Leitideen in auffälligem Gegensatz zu den Bildungsreformen Anfang des 19. Jahrhunderts, aber auch in den 1960er Jahren weitgehend aus. Entgegen der Vermutung vieler Journalisten erfuhr ich aus allen Teilen des politischen Spektrums ein erstaunliches Maß an

---

13 Koalitionsvertrag *Deutschlands Zukunft gestalten* – Koalitionsvertrag zwischen CDU, CSU und SPD (2013), S. 23.
14 Ebd., S. 24.

Zustimmung, aber auch gelegentlich deutliche Ablehnung – aus BDI und Grünen-Milieus kam die heftigste Kritik, der »bildungs-ökonomische Komplex« reagierte teilweise allergisch, aus dem Mittelstand, den Handwerkskammern, den Industrie- und Handelskammern, aus der IG Metall und beiden Volksparteien kam dagegen überwiegend Zustimmung.

Das Thema eignet sich einfach nicht für die übliche vordergründige Politisierung. Es ist nicht grundsätzlich konservativ, sich gegen eine weitere Akademisierung auszusprechen, und es ist nicht grundsätzlich progressiv, diese zu befürworten. Nicht nur die Gewerkschaft Erziehung und Wissenschaft, sondern auch die Bildungsabteilung des Bundes Deutscher Industrie blieben ihrer bisherigen Linie treu und befürworten eine weitere Akademisierung[15], obwohl im Jahre 2013 zum ersten Mal die Zahl derjenigen, die ein Studium aufnahmen, höher war als die Zahl derjenigen, die eine Lehre begannen.[16] Aber die Einsicht wächst, dass eine Fortsetzung des eingeschlagenen Pfades in der Tat schon bald in eine »Bildungskatastrophe« münden könnte. Diese Bildungskatastrophe bestünde dann nicht mehr darin, dass ein Großteil der Bevölkerung, insbesondere aus bildungsfer-

---

15 Podiumsdiskussion *Wie viele Studierende braucht ein Land?* in der Heinrich-Böll-Stiftung am 6.12.2013 mit Kai Gehring MdB, Dr. Barbara Dorn und Prof. Dr. Julian Nida-Rümelin, nachzusehen unter: http://youtu.be/jr7AnLBYlmo.

16 Während die Zahl der Studienanfänger 2013 bei ca. 511 000 lag, begannen nur rund 497 000 mit einer Berufsausbildung im dualen System (siehe Autorengruppe Bildungsberichterstattung: *Bildung in Deutschland 2014*, S. 278).

nen Schichten, nur unzureichend gebildet wäre, wie Georg Picht zu Recht beklagte[17], sondern in einer umfassenden Dequalifizierung in beiden Bereichen, sowohl dem der beruflichen als auch dem der akademischen Bildung. Das duale System aus staatlicher Berufsschule und Ausbildung im Unternehmen oder im Handwerksbetrieb würde kollabieren, die Verlagerung von nichtakademischen Ausbildungen an die Universitäten würde diese ihrer Praxisorientierung berauben. Das Spezifikum eines wissenschaftlichen Studiums, nämlich die Forschungsorientierung, ginge verloren, und eine allgemeine oberflächliche Kompetenzorientierung würde Fachwissen generell entwerten. Einige Spitzenuniversitäten würden sich in der Forschung hervortun und wissenschaftliche Nachwuchskräfte heranbilden, während das Gros der Studierenden mit Wissenschaft nicht wirklich in Kontakt kommt: Kaum Bildung für die Vielen, Exzellenz für ganz Wenige. Die privaten Angebote im Bildungssektor würden den Zusammenhang zwischen Geldbeutel der Eltern und eigenem Bildungserfolg verdichten und die seit den 1980er Jahren auch in Deutschland zunehmend erkennbare Bildungsklassengesellschaft verfestigen. Die USA sind – entgegen ihrer Tradition – im Bildungswesen sozial noch selektiver als Deutschland. Das Vorbild würde, jedenfalls vor dem Hintergrund der deutschen und europäischen Bildungstradition, zum Albtraum. Das verarbeitende Gewerbe in Deutschland, das nach wie vor, anders als in fast allen übrigen west-

---

17 Georg Picht, *Die deutsche Bildungskatastrophe*, Freiburg im Breisgau (1964).

lichen Ländern, eine zentrale Rolle spielt, würde mangels geeigneter akademischer und nichtakademischer Fachkräfte ins Ausland abwandern. *Made in Germany* verlöre seinen Glanz. Das 80-Millionen-Volk, das zusammen mit den USA (317 Mio. Einwohner) und China (1,34 Mrd. Einwohner) um den ersten Platz als Exportnation ringt, würde auf die mittleren Plätze abrutschen. Die deutsche Bildungs-Jeremiade hätte endlich Substanz.

Damit es nicht so weit kommt, ist eine neue Reformperspektive erforderlich, die Humanisierung und Leistungsanspruch, Differenzierung und gleiche Anerkennung, Globalisierung und Vielfalt verbindet. Zu dieser Perspektive möchte die vorliegende Schrift einen Beitrag leisten. Entsprechend gliedert sich diese in drei Teile:

Einen grundlegenden Teil, in dem ich die bildungsökonomische Ausgangsthese kritisiere, die schon Georg Pichts aufrüttelnde Schrift von 1964[18] enthielt, in der er eine deutsche Bildungskatastrophe prophezeite und die bis heute eine gelegentlich segensreiche, aber immer wieder auch verhängnisvolle Wirkung hatte (I). Ich werde mich mit dem so wichtigen Verhältnis von Bildung und Beruf auseinandersetzen (II) und dafür plädieren, die Persönlichkeitsbildung wieder ins Zentrum zu rücken (III). Ich werde mich gegen Selektion, aber auch gegen Gleichmacherei und für eine humane Differenzierung aussprechen (IV), ohne dabei die Einheit der Bildung in Gestalt kanonischen Wissens und gemeinsamen Lernens aus den Augen zu verlieren (V). Schließlich ist Bil-

---

18 Ebd.

dung die wichtigste Ressource einer demokratischen Gesellschaft, und je nach ihrer Gestaltung hängt von ihr auch die Zukunft der Demokratie ab (VI).

Ein zweiter Teil wird sich mit der Krise beruflicher Bildung befassen, ihre Ursachen analysieren, aktuelle Fehlentwicklungen beschreiben und Zukunftsperspektiven aufzeigen. Hierfür ist es erforderlich, zunächst den Stellenwert von Handwerk und Technik zu diskutieren (VII). Daraufhin werde ich mich – was manche überraschen mag – für eine gewisse Verwissenschaftlichung beruflicher Bildung aussprechen (VIII). Anschließend wird die Rolle von Kreativität und künstlerischem Schaffen jenseits der akademischen Bildung und akademischer Berufe erörtert (IX) sowie die spezifischen Bedingungen Deutschlands als eines der letzten verbliebenen westlichen Industrieländer dargelegt (X). Auf dieser Grundlage versuche ich die quantitativen Erfordernisse in Anbetracht der demografischen Entwicklung und des Trends zum Studium abzuschätzen (XI). Schließlich werde ich für mehr Respekt gegenüber beruflichen Qualifikationen und nichtakademischen Berufen werben (XII).

In einem dritten und letzten Teil werde ich die Krise der akademischen Bildung erörtern und für einen Kurswechsel in der Hochschulbildung plädieren. Ausgangspunkt ist dabei das Erfolgsprojekt der an den Ideen Wilhelm von Humboldts orientierten preußischen Reform-Universität (XIII) und das offenkundige Scheitern des Bologna-Prozesses (XIV), der die Vielfalt der Wissenschaftskulturen (XV) beschädigt und das Spezifikum der Europäischen Universität zu zerstören droht. Ich werde mich für eine Europäisierung und Globalisierung akademischer Bildung ohne Nivellierung aussprechen (XVI), für eine erneuerte Einheit von Forschung und Lehre als definierendes Merkmal der europäischen Universität plädieren (Exkurs), die quantitativen Erfordernisse im akademischen Bereich diskutieren (XVII) und für Respekt gegenüber den Besonderheiten von akademischer Bildung und akademischer Berufstätigkeit werben (XVIII).

Ein Fazit fasst die sieben wichtigsten Thesen am Ende zusammen.

Erster Teil

Grundlegung

.

Kapitel I

Ein verhängnisvoller bildungs-
ökonomischer Irrtum

Akademiker verdienen mehr als Nichtakademiker. Das gilt nicht nur in Deutschland und trifft sowohl auf die Monats- als auch auf die Lebenseinkommen zu, wobei Letztere wesentlich schwächer divergieren.[19] Akademiker leisten einen deutlich größeren Beitrag zum Bruttoinlandsprodukt als Nichtakademiker. Und auch die Arbeitslosigkeit ist unter Akademikern durchschnittlich geringer als unter Nichtakademikern. Selbst wenn man den viel zu hohen Anteil derjenigen aus dem Vergleich herausnimmt, die gar keine Berufsausbildung – im Extremfall nicht mal eine abgeschlossene Schulbildung – haben, bleiben diese Differenzen bestehen: Akademiker verdienen mehr, sie tragen pro Kopf mehr zum Bruttoinlandsprodukt bei (sofern sich dieser Beitrag über-

---

19 Vgl. Christiane Mück und Karen Mühlenbein, »Keine Nachfrage nach zusätzlichen Akademikern: Eine Untersuchung der Einkommensentwicklung von Akademikern«, in: Deutscher Studienpreis (Hrsg.), *Mythos Markt? Die ökonomische, rechtliche und soziale Gestaltung der Arbeitswelt*, Wiesbaden (2006), S. 115.

haupt verlässlich berechnen lässt) und haben gegenüber nichtakademischen Fachkräften ein geringeres Risiko, arbeitslos zu werden. Eine naheliegende Schlussfolgerung ist, dass ein erhöhter Anteil von Akademikern an der Gesamtbevölkerung das Durchschnittseinkommen erhöhen würde, zum Wachstum des Bruttoinlandsprodukts beitrüge und die durchschnittliche Arbeitslosigkeit absenken würde. Diese These beruht jedoch auf einem Denkfehler, der erstaunlicherweise weit verbreitet ist. An dieser These scheint alle Kritik am Akademisierungswahn abzuprallen. Nicht einmal die empirischen Daten, die diese These zweifelsfrei widerlegen, scheinen zu helfen (siehe Tabelle I im Anhang).

Zunächst einige Hinweise zur Empirie, bevor wir zum Denkfehler selbst kommen: Deutschland und Österreich verzeichnen im internationalen Vergleich ungewöhnlich niedrige Akademikerquoten, obwohl gerade diese beiden Länder eine sehr niedrige Jugendarbeitslosigkeit und ein hohes Bruttoinlandsprodukt aufweisen. Großbritannien mit einer knapp doppelt so hohen Akademikerquote wie Deutschland und vergleichbaren ökonomischen Bedingungen hat eine mehr als doppelt so hohe Jugendarbeitslosigkeit wie Deutschland und ein deutlich niedrigeres Bruttoinlandsprodukt pro Kopf. Auch die Schweiz gehörte jahrelang zu den Ländern mit einer sehr niedrigen Akademiker- und Absolventenquote (im Jahr 2000 lag Letztere lediglich bei 12 %, während der OECD-Durchschnitt damals schon 28 % betrug).[20]

---

20 Siehe *OECD Education at a Glance 2013*. Sogar Österreich (15 %) und Deutschland (18 %) hatten damals höhere Absolventenquoten als

Dem ökonomischen Erfolg dieses Landes war das über Jahrzehnte nicht abträglich.

Eigentlich müssten die empirischen Daten hinreichend Irritationen um die bildungsökonomische Grundthese auslösen, wonach sich aus dem individuellen Vorteil des Akademikers gegenüber der nichtakademischen Fachkraft ein volkswirtschaftlicher ergebe. Dies ist nicht der Fall, weil das Denken in mathematischen Strukturen nicht weit verbreitet ist. Die Hartnäckigkeit der bildungsökonomischen These und die auf dieser These beruhende Bildungsideologie einer kontinuierlichen und im Prinzip unbegrenzten Ausweitung des Akademikeranteils[21] beruhen auf einem fundamentalen Denkfehler.

Damit wir uns diesen Denkfehler klarmachen können, legen wir für einen Augenblick eine idealisierte Modellwelt zugrunde und vergleichen dort zwei Zustände: Der erste Zu-

---

die Schweiz (12 %). Die Verdoppelung der Schweizer Akademikerquote innerhalb weniger (Nuller-)Jahre ist mathematisch nicht möglich, diese kann nur mit einer deutlichen Veränderung der Messmethode erklärt werden. Man unterscheidet die (allgemeine) Akademikerquote von der Jahrgangsquote der Hochschulzugangsberechtigten, der Studierenden, der Absolventen etc. Jahrgangsquoten können sich auch kurzfristig verändern, die Akademikerquote nicht, da der Austausch eines ausscheidenden Jahrgangs, der in den Ruhestand geht, durch einen neuen Absolventenjahrgang, der in das Erwerbsleben eintritt, nur etwa 2 bis 4 % (je nach demografischer Lage) aller Erwerbstätigen betrifft.

21 Ute Frevert, »Wir brauchen das Gymnasium für alle«, Interview in der FAZ vom 3.10.2013: http://www.faz.net/aktuell/beruf-chance/bildungsforscherin-ute-frevert-wir-brauchen-das-gymnasium-fuer-alle-12596135.html.

stand weist eine Akademikerquote von 20 % gegenüber 60 % nichtakademischen Fachkräften und 20 % ohne Berufsausbildung auf. Das Einkommen der Akademiker sei um 50 % höher als das der nichtakademischen Fachkräfte und um 100 % höher als das derjenigen ohne Berufsausbildung. Im zweiten Zustand dieser Modellwelt hat sich der Akademikeranteil auf 40 % verdoppelt. Der Anteil der nichtakademischen Fachkräfte hat sich entsprechend auf 40 % abgesenkt, der Anteil derjenigen ohne Berufsausbildung stagniert bei 20 %. Akademiker verdienen nun gegenüber nichtakademischen Fachkräften nach wie vor deutlich mehr, der Unterschied ist allerdings leicht von 50 % auf 40 % geschrumpft. Wegen des Verdrängungseffektes auf dem Arbeitsmarkt (Akademiker übernehmen Berufstätigkeiten, die zuvor hochqualifizierte nichtakademische Fachkräfte übernommen haben) sinkt das Realeinkommen der nichtakademischen Fachkräfte um 10 %, und wegen der geringen Nachfrage nach beruflich Nichtqualifizierten und verschärfter Konkurrenz mit beruflich Gebildeten sinkt das Realeinkommen in diesem Sektor um 20 % ab. Der geringere Unterschied zwischen Akademikern und nichtakademischen Fachkräften ist ebenfalls auf den Verdrängungseffekt zurückzuführen: Zunehmend übernehmen Akademiker berufliche Aufgaben, die zuvor Nichtakademiker wahrgenommen haben, was zu einer Absenkung der durchschnittlichen Einkommen von Akademikern führt. Trotz einer Verdoppelung des Akademikeranteils ist das Einkommen insgesamt pro Kopf um 6,3 % rückläufig.[22]

---

22 Ein Beispiel für diesen verbreiteten Denkfehler: Patrik Schellen-

Diese Modellwelt soll lediglich zeigen, dass die bildungs-ökonomische These, wonach es wünschenswert sei, den Anteil Hochqualifizierter so lange zu erhöhen, wie diese (pro Kopf) mehr verdienen oder (pro Kopf) mehr zum BIP beitragen, nicht generell zutrifft, sondern von ganz spezifischen Bedingungen abhängig ist.

Die reale Welt in Deutschland unterscheidet sich von dieser Modellwelt in vielerlei Hinsicht, hat mit ihr aber auch einiges gemeinsam: eine Konvergenz (nicht Divergenz, wie oft behauptet wird!) der Lebensarbeitseinkommen von Akademikern mancher Fachbereiche und von nichtakademischen Fachkräften. Ein bloß schwaches Ansteigen der Realeinkommen seit den 1990er Jahren und ihr Rückgang von 2004 bis 2008[23] trotz ansteigender Studierendenquoten.[24] Der zu erwartende Anstieg der Realeinkommen aufgrund eines gestiegenen Bildungsniveaus ist nicht eingetreten.[25] So stellen Christiane Mück und Karen Mühlbein bereits für den Zeitraum zwischen 1991 und 2001 einen Einkommensverlust für ein Viertel aller Akademiker in Westdeutschland und somit

---

bauer (Avenir Suisse): »Wir stellen fest, dass überdurchschnittlich viele Hochqualifizierte zuwandern und dass dort die Arbeitslosigkeit nicht steigt. Das heisst doch, dass wir einen Mangel an Hochqualifizierten haben« (in: *apunto* 3/2013).

23 Vgl. Karl Brenke, »Real Wages in Germany – Numerous years of decline« in: *DIW Berlin – Weekly Report*, Vol. 5, No. 28 (2009).

24 Vgl. Autorengruppe Bildungsberichterstattung (Hrsg.), *Bildung in Deutschland 2014*, Bielefeld (2014), S. 297.

25 Vgl. Karl Brenke, »Real Wages in Germany – Numerous years of Decline« in: *DIW Berlin – Weekly Report,* Vol. 5, No. 28 (2009).

eine Sättigung des Arbeitsmarktes fest.[26] Auch der prognostizierte Arbeitskräftebedarf verweist auf einen ungefähr stetigen und relativ höheren Bedarf an mittleren Qualifikationsstufen im Vergleich zu Akademikern. Gerhard Bosch zeigt in einer Studie von 2011, dass sich auch bis 2025 die Verteilung des Arbeitskräftebedarfs nach Qualifikationen voraussichtlich nicht wesentlich ändern wird (im Vergleich zu 2005), sodass es bei einer zunehmenden Akademisierung der Gesellschaft zu Engpässen in den mittleren Qualifikationsniveaus und zu einem Überangebot an Akademikern auf dem Arbeitsmarkt kommen muss.[27]

Es ist anzunehmen, dass das Überangebot an akademischen Fachkräften auf dem Arbeitsmarkt zu Einkommensverlusten unter Akademikern führt. Zwar scheint das Einkommen der Akademiker das der Nichtakademiker aktuell deutlich zu übertreffen. Bei einer Betrachtung des Bruttostundenlohns bedeutet dies beispielsweise, dass im Vergleich

---

26 Vgl. Christiane Mück und Karen Mühlenbein, »Keine Nachfrage nach zusätzlichen Akademikern: Eine Untersuchung der Einkommensentwicklung von Akademikern«, in: *Mythos Markt? Die ökonomische, rechtliche und soziale Gestaltung der Arbeitswelt*, hrsg. von Deutscher Studienpreis, Wiesbaden (2006), S. 115.

27 Gerhard Bosch, »Qualifikationsanforderung an Arbeitnehmer – flexibel und zukunftsgerichtet«, in: *Wirtschaftsdienst 2011 Sonderheft*. Siehe auch R. Helmrich u. a., »Engpässe auf dem Arbeitsmarkt: Geändertes Bildungs- und Erwerbsverhalten mildert Fachkräftemangel. Neue Ergebnisse der BIBB-IAB Qualifikations- und Berufsfeldprojektionen bis zum Jahr 2030«, in: *BIBB-Report*, Nr. 18 (2012), und Reinhold Weiß, »Abiturienten & Berufsbildung: Eine Alternative zum Studium?!«, in: *Mitteilungsblatt Landeselternschaft der Gymnasien NRW*, Nr. 202 (2013).

Abbildung 1: Arbeitskräftebedarf nach Qualifikationen in %

	2005	2010	2015	2020	2025
	15,2	14,4	14,0	13,6	13,3
	53,0	53,5	53,6	53,7	53,8
	15,9	16,2	16,5	16,8	17,0
	10,0	9,5	9,4	9,2	9,0
	5,9	6,4	6,6	6,8	6,9

■ ohne beruflichen Ausbildungsabschluss
☐ Abschluss einer betrieblichen Lehre bzw. Berufsfachschule
■ Fachhochschul- bzw. Hochschulabschluss und Promotion
▨ Abschluss einer Meister- bzw. Technikerprüfung
■ in Schule und Ausbildung

Quelle: Gerhard Bosch, »Qualifikationsanforderung an Teilnehmer – flexibel und zukunftsgerichtet«, *Wirtschaftsdienst 2011 Sonderheft.*

zu einem Meister oder Techniker ein Akademiker einen um 30 % höheren Bruttostundenlohn aufweist.[28] Für diesen Lohnunterschied ist aber jetzt schon vor allem der MINT-Akademiker[29] (MINT = Mathematik, Informatik, Naturwis-

---

28 Vgl. Christina Anger u. a., *Bildungsrenditen in Deutschland – Einflussfaktoren, politische Optionen und volkswirtschaftliche Effekte*, Institut der deutschen Wirtschaft Köln (2010), S. 33 ff.

29 Der sogenannte »MINT«-Bereich umfasst sowohl Engpass- wie Überschussbereiche auf dem Arbeitsmarkt. Es kann nicht die Rede davon sein, dass alle Absolventen naturwissenschaftlicher Fächer problemlos in den akademischen Arbeitsmarkt integriert

senschaft und Technik) verantwortlich.[30] Deren Einkommen lag deutlich über dem der übrigen Akademiker, was auf den technisch-organisatorischen Wandel der letzten Jahre und damit auf eine relativ steigende Nachfrage nach Hochqualifizierten dieser Fachbereiche zurückzuführen ist.[31] In gewissen Bereichen kann von einer Konvergenz der Einkommen ausgegangen werden: So verfügt die Hälfte der Absolventen in den Geisteswissenschaften (2005 waren ca. 23 % aller Studienanfänger Geisteswissenschaftler)[32] über ein monatliches Nettoeinkommen von maximal 1700–2000 Euro im Jahr 2004 und liegt somit deutlich unter dem Einkommen anderer Akademiker.[33] Verglichen mit den von Geisteswissenschaftlern am häufigsten ergriffenen Berufen[34] werden

---

werden. Gegenwärtig sind Biologie- oder Geographieabsolventen, aber auch Mathematiker, Meteorologen und Architekten mit oft ungewissen Berufsperspektiven konfrontiert.

30 Vgl. Beschäftigungsstatistik: Sozialversicherungspflichtige Bruttoarbeitsentgelte, Bericht der Statistik der BA, S. 21.

31 Vgl. Christina Anger u.a., *Bildungsrenditen in Deutschland – Einflussfaktoren, politische Optionen und volkswirtschaftliche Effekte*, a.a.O., S. 33 ff.

32 Vgl. *Die Geisteswissenschaften – ABC der Menschheit.* www.abc-der-menschheit.de, zuletzt aufgerufen am 16.6.2014.

33 Vgl. Maria Kräuter, Willi Oberlander, Frank Wießner, »Zurück in die Zukunft. Berufliche Chancen und Alternativen für Geisteswissenschaftler«, in: *Rat für Sozial- und Wirtschaftsdaten, Research Note No. 22* (2008), S. 35 ff.

34 Knapp die Hälfte der Geisteswissenschaftler blieb 2004 in einem für die Geisteswissenschaften typischen Beruf. Von diesen waren 70 % auf die in der Tabelle genannten Berufe verteilt. (Vgl. Maria Kräuter, Willi Oberlander, Frank Wießner, »Zurück in die Zukunft. Berufliche Chancen und Alternativen für Geisteswissenschaftler«,

in jenen, die eine Meister- bzw. eine Technikerausbildung erfordern, sogar höhere Einkommen erzielt.

Tabelle 1: Bruttomonatsverdienste vollzeitbeschäftigter Arbeitnehmer nach Berufen in Deutschland (2010)	
Akademiker: MINT	**in Euro**
Chemiker, Chemieingenieure	5618
Physiker, Physikingenieure, Mathematiker	5430
Ingenieure des Maschinen- und Fahrzeugbaus	5422
Elektroingenieure	5428
Mittelwert	**5475**
Akademiker: Geisteswissenschaftler	
Publizisten	4658
Gymnasiallehrer	4039
Hochschullehrer, Dozenten an höheren FS und Akademien	4064
Dolmetscher, Übersetzer	3635
Real-, Volks-, Sonderschullehrer	3607
Bibliothekare, Archivare, Museumsfachleute	3205
Mittelwert	**3868**

in: *Rat für Sozial- und Wirtschaftsdaten, Research Note* No. 22 (2008), S. 32.)

Nichtakademische Fachkräfte	
Bankfachleute	4317
Maschinenbautechniker	4373
Industriemeister, Werkmeister	4219
Techniker des Elektrofaches	4103
Bautechniker	4005
Sonstige Techniker	3974
Chemietechniker, Physikotechniker	3908
Übrige Fertigungstechniker	3893
Mittelwert	**4099**
Quelle: Verdienste und Arbeitskosten, Fachserie 16, Destatis 2010	

Wie die Tabelle 1 zeigt, erzielen zwar einige Akademikerberufe, wie z. B. Ingenieure und Ärzte, hohe Einkommen. Dies gilt allerdings nicht für Absolventen der Geistes-, Kultur- und Sozialwissenschaften, deren Einkommen unter denen von Meistern und Technikern liegen. Bei Betrachtung der Lebenseinkommen dürfte sich dies noch stärker bemerkbar machen, da der Meister oder Techniker schnellere Ausbildungszeiten und schnellere Aufstiegsmöglichkeiten bietet. Auch in Bezug auf die Arbeitslosenquoten lässt sich Folgendes feststellen: Bis zum Wirksamwerden der Agenda-Reformen ist über die Konjunkturzyklen hinweg eine ansteigende Arbeitslosigkeit trotz parallel steigender Studierendenquote zu beobachten. Das Risiko, arbeitslos zu werden, bleibt zwar für Akademiker weiterhin geringer als für nichtakademische Fachkräfte. Ein wirklich hohes Risiko, arbeitslos zu werden, besteht aber insbesondere für den viel zu hohen Anteil derjenigen, die ganz ohne Berufsabschluss bleiben (2012 verfügten 14,3 % der 25- bis 65-Jährigen über keinen berufsqualifizierenden Bildungsabschluss).[35] So schwanken die qualifikationsspezifischen Arbeitslosenquoten für Ungelernte zwischen 2007 bis 2012 auf einem hohen Niveau von 19 bis 22,1 %, während Akademiker (inkl. Fachhochschulabsolventen) eine niedrige Arbeitslosenquote von 2,9 % (2007) und 2,5 % (2012) aufweisen. Die Arbeitslosenquote derjenigen, die eine berufliche Bildung absolviert haben, ist mit 6,1 % (2007) und 4,4 % (2012) stabil.[36] Bemerkenswert ist dabei zweierlei: Die Arbeitslosenquoten von Meistern und Technikern lagen 2008 sogar geringfügig niedriger als für Akademiker,[37] bis 2008 lag die Arbeitslosenquote von Fachhochschulabsolventen (2,1 %) unter der von Universitätsabsolventen (2,7 %).[38] Die Agenda-Reformen wirken überdeutlich, und zwar nicht im Sinne einer Ausweitung des Arbeitsvolumens insgesamt, sondern in Gestalt einer Neuverteilung, wobei das gesamte Arbeitsvolumen in Gestalt von Teilzeitbeschäftigung und generell sogenannten atypischen Beschäftigungsverhältnissen (befristete Beschäftigungsverhältnisse, Leiharbeit, Minijobs usw.) auf mehr Personen verteilt wird. Dieser Effekt

---

35 Statistisches Bundesamt: Mikrozensus.

36 Qualifikationsspezifische Arbeitslosenquoten, IAB.

37 Vgl. Christina Anger u. a., *Bildungsrenditen in Deutschland – Einflussfaktoren, politische Optionen und volkswirtschaftliche Effekte*, a.a.O.

38 Vgl. Brigitte Weber, Enzo Weber, »Bildung ist der beste Schutz vor Arbeitslosigkeit«, in: *IAB-Kurzbericht,* Nr. 4 (2013).

ist aber offenkundig völlig unabhängig von den steigenden Studierendenzahlen, da er abrupt mit dem Inkrafttreten der Agenda der Arbeitsmarktgesetze Anfang 2005 einsetzt, während der Effekt steigender Studierendenquoten auf dem Arbeitsmarkt kontinuierlich wirken müsste, da es sich ja hier um asymptotische Prozesse handelt. In diesem Zusammenhang ist eine Zahl von besonderem Interesse: 2011 beträgt die Akademikerquote in Deutschland maximal 16 %. Die aktuellen Studienberechtigungs- und Studienanfängerquoten liegen nach starkem Anstieg in den letzten beiden Jahrgängen bei schon über 50 %[39], die tatsächlichen Absol-

---

39 Siehe *Bildung in Deutschland 2014*, a.a.O., S. 295 und S. 297. Die Studienberechtigtenquote lag 2012 bei 58,4 % (2000 noch bei 37,2 %) und die Studienanfängerquote bei 54,6 % (2000 noch bei 33,3 %). Die von Bund und Ländern definierte Zielmarke einer Studienanfängerquote von 40 % wird sogar schon seit 2008 stets überschritten. Die Konvergenz von Studienberechtigten- und Studienanfängerquote in der Studie *Bildung in Deutschland 2014* ist erstaunlich. Diesen Zahlen zufolge (2012) nehmen 93 % der Berechtigten ein Studium auf. Dies steht allerdings im Konflikt zur sogenannten Übergangsquote, welche den Anteil der Studienberechtigten (mit einer in Deutschland erworbenen schulischen Hochschulzugangsberechtigung), die im Laufe ihres Lebens ein Studium aufnehmen, abbilden soll und für Deutschland und das Jahr 2012 mit maximal knapp 80 % beziffert wird (vgl. *Bildung in Deutschland 2014*, S. 296). Der Unterschied muss darauf zurückzuführen sein, dass in die Studienanfängerquote auch diejenigen deutschen oder ausländischen Studienanfänger mit eingehen, die eine Hochschulzugangsberechtigung im Ausland erworben haben oder aufgrund einer abgeschlossenen Berufsausbildung studieren dürfen. Was ferner an dieser Stelle noch zu bemerken bleibt, ist, dass die Studienanfängerquoten bei der OECD deutlich niedriger ausfallen (in 2011 46 %, vgl. *OECD Education at a Glance 2013*) als im erwähnten deutschen

ventenzahlen (im Jahr 2012 lag der Anteil der Studierenden an der entsprechenden Altersgruppe bei 30,7%)[40] von
Studiengängen liegen wegen der hohen Abbrecherquoten
deutlich darunter. Diese ist für 2012 mit 33% für Bachelor-
und 27% für Magister- und Diplomabschlüsse ausgewiesen.[41]
Wenn wir die Empfehlungen der OECD realisierten[42], uns
also dem OECD-Durchschnitt anpassten und somit die Studienanfängerquote weiter – auf über 60% – anhöben, würde
sich die Akademikerquote in Deutschland idealiter (keine
Studienabbrecher) langfristig verdrei- oder sogar vervierfa-
chen. Nach meiner Einschätzung würde eine Erhöhung der
Akademikerquote um etwa ein Drittel jedoch langfristig aus-
reichen, sodass die Zielvorgaben der OECD und deutscher Bildungsplaner um rund 100% über dem tatsächlichen Bedarf
lägen.

Bericht, obwohl in Letzterem ebenfalls auf das OECD-Verfahren
verwiesen wird (vgl. *Bildung in Deutschland 2014*, S. 297).

40 Siehe *Bildung in Deutschland 2014*, a.a.O., S. 303.

41 Siehe ebd., S. 301.

42 In den sogenannten »OECD Briefing Notes für Deutschland«, die
im Rahmen der Veröffentlichung der *Education at a Glance*-Studien
erscheinen, war immer wieder zu lesen, dass die Studienanfängerquote in Deutschland auf einem niedrigen Niveau stagniere
bzw. zu wenig steige (siehe z.B. das Jahr 2007). Auch heute noch,
obwohl die OECD die berufliche Ausbildung in Deutschland lobt,
spricht sie sich für eine beständige Ausweitung der Studienanfängerquote aus (siehe »Ländernotiz Bildung auf einen Blick 2013« und
Deutschlandfunk-Interview: Dr. Andreas Schleicher im Gespräch
mit Jasper Barenberg vom 03.09.2013).

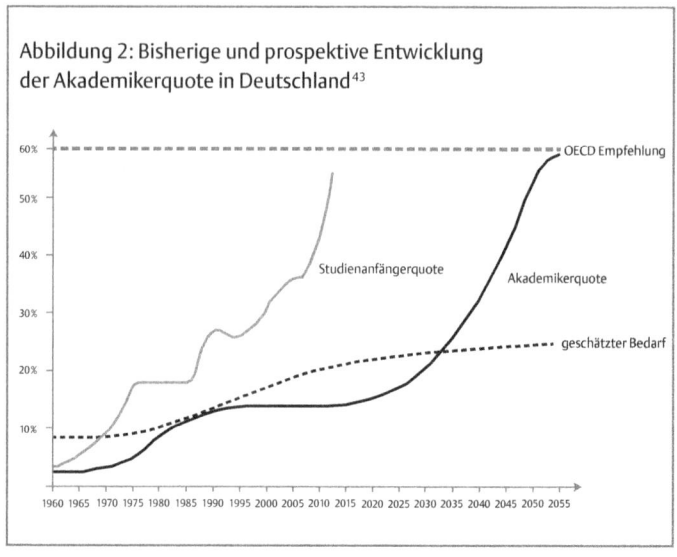

Abbildung 2: Bisherige und prospektive Entwicklung der Akademikerquote in Deutschland[43]

Der Denkfehler, auf dem das bildungsökonomische Standardargument für eine (beliebige) Ausweitung des tertiären Sektors beruht, liegt in einer Übertragung des individuellen Vorteils auf einen kollektiven. Allerdings ist die Annahme, dass ein je individueller, von allen wahrgenommener Vorteil zu einem kollektiven Vorteil führt, schlicht falsch. Seit den 1950er Jahren ist im Rahmen der Spieltheorie dieses

---

43 Die Abbildung zeigt die tatsächliche Entwicklung der Studienanfängerzahlen und der Akademikerquote (über den gesamten Arbeitsmarkt) von 1960 bis 2013 und die prospektive Fortentwicklung, wenn Deutschland sich an den Empfehlungen der OECD orientieren würde. Die blaue Linie markiert meine Einschätzung des tatsächlichen Akademikerbedarfs (Datengrundlage *Bildung in Deutschland* 2014).

»Dilemma der Kooperation« genauer analysiert worden. Das Grundmuster für das Auseinanderfallen individueller Vorteilssuche und gemeinsamer Vorteilserreichung ist das sogenannte »Gefangenendilemma«: Zwei Ganoven haben einen bewaffneten Raubüberfall begangen. Sie werden nach der Tat gefasst, wobei man ihnen nicht die Tat selbst nachweisen kann, sondern lediglich unerlaubten Waffenbesitz. Sie sind in getrennten Zellen untergebracht und werden nun befragt. Dabei haben sie zwei Alternativen, nämlich ihre Tat (den bewaffneten Raubüberfall) zu gestehen oder nicht zu gestehen, also die Tat zu leugnen. Wenn beide leugnen, kann ihnen die Tat nicht nachgewiesen werden, und beide bekommen wegen unerlaubten Waffenbesitzes je ein Jahr Gefängnis. Wenn beide gestehen, werden sie zu je zehn Jahren Gefängnis wegen bewaffneten Raubüberfalls verurteilt. Wenn einer gesteht und der andere nicht, wird der Geständige als Kronzeuge der Anklage freigesprochen und der Nichtgeständige zu elf Jahren Gefängnis wegen bewaffneten Raubüberfalls und mangelnder Kooperationsbereitschaft verurteilt. In Matrixform ergibt sich folgende Struktur der Interaktion der beiden Gefangenen: Gefangener A (Zeilenwähler) hat die Möglichkeit zu gestehen oder nicht zu gestehen. Je nachdem, wie sich der andere Gefangene B (Spaltenwähler) verhält, ergibt sich daraus für A ein unterschiedlich langer Gefängnisaufenthalt bzw. ein Freispruch als Kronzeuge der Anzeige:

Tabelle 2: Gefangenendilemma 1		
Gefangenendilemma	Gefangener B	
Gefangener A	Nichtgestehen	Gestehen
Nichtgestehen	1/1	11/0
Gestehen	0/11	10/10

Sie sehen sofort: Unabhängig davon, wie sich jeweils der andere Gefangene verhält, ist es für jeden der beiden Gefangenen günstiger zu gestehen. Denn wenn der andere gesteht, habe ich die Wahl zwischen 10 Jahren (Gestehen) und 11 Jahren (Nichtgestehen), und wenn der andere nicht gesteht, habe ich die Alternative zwischen Gestehen (null Jahre als Kronzeuge der Anklage) und Nichtgestehen (ein Jahr, weil die Tat nicht nachgewiesen werden kann).

Verallgemeinert sieht das Format dieser Interaktion, in der individuelle Optimierung und kollektive Optimierung divergieren, folgendermaßen aus:

Tabelle 3: Gefangenendilemma 2		
	B (Spaltenwähler)	
A (Zeilenwähler)	C	D
C	3/3	1/4
D	4/1	2/2

Dieses Format ist ganz allgemein zu interpretieren: Es kommt weder auf die Größe der Ziffern an, noch müssen die Ziffern für A und B dieselben Beträge ergeben. Ausschlaggebend ist lediglich die Reihenfolge, also die Präferenz der Entscheidungsbeteiligten: 4 ist besser als 3; 3 ist besser als 2; 2 ist besser als 1. Auch die Unterschiede zwischen diesen Ziffern spielen keine Rolle. Die Werte in der Matrix sind (in der Sprache der Ökonomie) ordinal und interpersonell nicht vergleichbar.

Übertragen auf die bildungsökonomische Beurteilung der Ausweitung des akademischen Sektors bedeutet dies: Auch wenn es vermeintlich je individuell von Vorteil sein sollte zu studieren, folgt daraus nicht automatisch auch ein allgemeiner ökonomischer (volkswirtschaftlicher) Vorteil. Ja es ist sogar mit dem je individuellen Vorteil eines Studienabschlusses vereinbar, dass alle bei einer weiteren Ausweitung der Studierendenzahlen verlieren, sowohl die Akademiker als auch die nichtakademischen Fachkräfte auf dem Arbeitsmarkt. Der Zusammenhang von Jugendarbeitslosigkeit, BIP pro Kopf und Akademikerquote im internationalen Vergleich legt das nahe. Es gibt eine vermutlich relativ niedrige Schwelle der Akademikerquote, ab der dieses sogenannte Kooperationsdilemma wirksam wird, die ich bei etwa 25 % vermute.

Überall dort, wo Kooperationsdilemmata auftreten, führt die Eigendynamik des Marktes zu suboptimalen Ergebnissen. Wer also im Geiste des Neoliberalismus auch das Bildungssystem als Ganzes möglichst weitgehend dem Markt überlassen will, wer einen Bildungsmarkt an die Stelle einer staatlich verantworteten Bildungsplanung stellt, verschafft damit zwar einzelnen privaten Anbietern möglicherweise ein lukratives Geschäft, veranstaltet aber zugleich ein *rat race*, an dessen Ende mehr Verlierer als Gewinner stehen werden. Die Einsicht des deutschen Idealismus im 19. Jahrhundert, dass der Staat eine Bringschuld im Bereich der Bildung hat, dass er für alle gleichermaßen Bildungsangebote zu unterbreiten und diese in möglichst weitgehender Autonomie der Schulen und Universitäten zu finanzieren hat, ist heute in einer zunehmend ökonomisierten Welt aktueller denn je. Wer hinter diese Einsicht zurückfällt, hat die Interessen derjenigen im Auge, die von einer Ausweitung des Bildungsmarktes profitieren, und nicht die Interessen derjenigen, die auf Bildungsangebote angewiesen sind. Bildung ist ein öffentliches Gut und sollte als solches behandelt werden. Es ist – spezifischer – ein kulturelles Gut und sollte daher von einer kulturellen Leitidee getragen sein. Bildung als unser kostbarstes Kulturgut darf dem ökonomischen Markt nicht überantwortet werden.[44]

Es ist nicht Sache des Einzelnen, die makroökonomischen und speziell die Arbeitsmarkteffekte bei seinen Bildungsentscheidungen zu berücksichtigen, diese Steuerungsaufgabe ist in erster Linie eine staatliche, aber auch eine beteiligter Verbände (Unternehmerverbände, Industrie- und Handelskammern, Handwerkskammern, Gewerkschaften). Diese Steuerungsfunktion wird ohnehin impliziter über Bildungsinvestitionen vorgenommen, z. B. die Entscheidung in den 1970er Jahren, nicht die Fachhochschulen, sondern die Uni-

---

44 Eine gute Analyse der Ökonomisierung von Bildung bietet Richard Münch in *Globale Eliten, lokale Autoritäten: Bildung und Wissenschaft unter dem Regime von PISA, McKinsey & Co.*, Frankfurt a. M. (2009).

versitäten auszubauen und zugleich eine hohe Überlast zuzulassen. Darüber hinaus sollte die Steuerung über normative Botschaften nicht unterschätzt werden. Die jahrzehntelange Propaganda, dass der Bildungserfolg eines Landes sich in erster Linie an der Zahl seiner Studierenden misst, hatte ganz offenkundig, wenn auch mit zeitlicher Verzögerung, eine deutliche Wirkung erzielt. Gleiches gilt, wenn geklagt wird, dass junge Menschen mit Hochschulzugangsberechtigung nicht studieren oder die gestiegenen Abbrecherquoten in vielen Fächer skandalisiert werden, anstatt sie als Indiz dafür zu interpretieren, dass ein steigender Anteil der Studienanfänger für ein Studium möglicherweise gar nicht geeignet ist und im dualen System eine bessere Bildungsalternative hätte.

Kapitel II

Bildung und Beruf

Das Verhältnis von Bildung und Beruf ist spannungsreich, ja teilweise paradox. Die humanistische Bildungstradition seit Platon legt Wert darauf, dass Bildung ein Selbstzweck sei, dass sich Bildung nicht erst als Mittel zur Erreichung anderer Zwecke rechtfertige. Im Zentrum des Humanismus steht daher die Persönlichkeitsbildung (nicht Macht, Reichtum, Sieg etc.).

Eines der Schlüsselwerke des humanistischen Bildungsverständnisses ist für mich Platons *Theaitetos*-Dialog. Es geht hier um die Frage, was Wissen sei, und die ersten Vorschläge fassen Wissen instrumentalistisch auf: Wissen ist das, was Erfolg, Reichtum und den Sieg im Streit (z.B. vor Gericht) sichert. Aber es stellt sich rasch heraus, dass all diese instrumentellen Bestimmungen von Wissen nicht taugen. Dass Wissen vielmehr mit Wahrheit und Begründung zu tun hat: Dass Wissen begründete wahre Meinung ist. Seit dem amerikanischen Philosophen Edmund Gettier wissen wir, dass dies noch nicht ausreicht, dass es Überzeugungen gibt, die wohlbegründet *und* wahr sind und doch noch nicht als Wissen zählen können.[45] Platon scheint dies in der Schlusspassage des *Theaitetos*-Dialogs schon vorweggenommen zu haben, wenn er sagt, wir könnten mit diesem Ergebnis (Wissen = begründete wahre Meinung) noch nicht zufrieden sein. Diese Bestimmung des Wissens ist deswegen so bedeutsam, weil Wahrheitssuche nicht immer das beste Mittel ist, um erstrebte Ziele zu erreichen. Der *Theaitetos*-Dialog ist für mich das Gründungsdokument *epistemischer Rationalität*. Diese steht im Zentrum aller humanistischen Bildungsreformen: Die Wahrheitssuche um ihrer selbst willen.

Um sich den nichtinstrumentellen Charakter des Verständnisses von Wissen klarzumachen, genügen einige Beispiele, in denen Wahrheitssuche in Konflikt zu anderen, möglicherweise wichtigeren Zielen menschlicher Praxis steht. So führt Erkenntnis nicht immer zu Glück. Viele Atheisten und Agnostiker leiden darunter: Ihnen ist der Trost eines ewigen Lebens im Paradies für immer genommen. Sie hätten mit diesem Trost besser gelebt als ohne ihn. Sie glauben aber, gute Gründe für die Überzeugung zu haben, dass dieser Trost auf einem *sacrificium intellectus* beruht, dass er die Immunisierung einer meist in früher Kindheit geprägten Glaubenshoffnung gegenüber rationalen Argumenten beinhaltet. Es geht hier nicht um die Frage, ob der Agnostiker mit dieser Einschätzung Recht hat. Es geht um den Konflikt zwischen Erkenntnis und Glück. Viele werden sagen, Glück sei wichtiger als Erkenntnis. Es ist jedoch die Überzeugung des humanistischen

---

45 Edmund Gettier, »Is justified true belief knowledge?«, in: *Analysis*, Vol. 23, No. 6 (1963), S. 121–123.

Bildungsverständnisses, dass epistemische Rationalität nicht als Instrument für andere Ziele, sondern um ihrer selbst willen geschätzt werden sollte. Der gebildete Mensch kann sich dem rationalen Argument nicht entziehen. In den Worten von Jürgen Habermas handelt es sich um den »zwanglosen Zwang des besseren Arguments«. Im humanistischen Verständnis ist es das zentrale Bildungsziel, sich von guten Gründen affizieren zu lassen, dem »zwanglosen Zwang des besseren Arguments«[46] zu folgen, zu lernen, dass es Gründe gibt, die bequeme Überzeugungen infrage stellen und man dann als rationale Person in der Lage ist, diese aufzugeben.

Auch in der Interaktion gibt es diesen Konflikt: Oft ist es einfacher, jemanden für die eigenen Ziele oder Auffassungen zu gewinnen, indem man emotionalen Druck ausübt oder sachlich unzutreffende, aber suggestive Argumente vorbringt, während die schlicht angemessene Begründung oft mühsam und am Ende weitgehend wirkungslos ist. Das Ethos epistemischer Rationalität als Kern humanistischer Bildung verlangt eine Wertschätzung des bloßen Arguments und der Gründe als solcher, die für eine Überzeugung oder Handlung sprechen. Epistemische Rationalität ist nicht lediglich an hinreichende Intelligenz und Wissen gebunden, sondern in erster Linie eine Haltung – in aristotelischen Begriffen: eine *hexis* –, die nicht nur das Ergebnis von Gewöhnung, sondern auch Ausdruck einer Entscheidung ist. Entgegen einem verbreiteten zeitgenössischen Aristotelismus

---

46 Jürgen Habermas, *Theorie des kommunikativen Handelns*, Frankfurt a. M. (1981).

konservativer Prägung legt Aristoteles großen Wert darauf, dass die eigene Entscheidung im Bildungsweg eine zentrale Rolle spielt: Bildung ist nicht Abrichtung, ist nicht lediglich Gewöhnung.

Schon bei Platon, ganz deutlich aber im Renaissance-Humanismus und dann in den neuhumanistischen Bildungskonzeptionen des 19. Jahrhunderts in Deutschland verbindet sich das Ethos epistemischer Rationalität mit dem Projekt der Persönlichkeitsbildung. Wenn dieses Ethos wirksam werden soll, bedarf es einer bestimmten Haltung, die Merkmal der Persönlichkeit selbst geworden ist. Wahrheitssuche ist zugleich ein Beitrag zur Persönlichkeitsbildung und Ausdruck einer gebildeten Persönlichkeit.

Dieser Kern der humanistischen Bildungsidee, die Verkoppelung eines Ethos epistemischer Rationalität mit Persönlichkeitsbildung[47], scheint ihren Kritikern recht zu geben: Dies kann sich doch nur auf die kleine Elite derjenigen beziehen, die Wissenserwerb als Zeitvertreib mangels anderer praktischer Aufgaben realisieren können (etwa die adligen Sprösslinge im 19. Jahrhundert in Deutschland) oder auf diejenigen, die Wissenschaft zum Beruf gemacht haben. Dies aber ist gerade der Irrtum der Kritiker: Die gesamte demokratische Ordnung als Staats- und Gesellschaftsform, als Kultur, beruht auf einem Ethos epistemischer Rationalität, auf der Bereitschaft, sich auf den Austausch von Gründen einzulassen, sich von den eigenen Interessen so weit zu dis-

---

47 Zu den Grundlagen humaner Bildung vgl. JNR, *Philosophie einer humanen Bildung* (2013), Erster Teil.

tanzieren, dass man im Austausch der Argumente zu einer wohlbegründeten gemeinsamen Haltung oder Entscheidung kommt. Erst die pragmatistische Variante des Humanismus stellt diesen Zusammenhang zwischen Demokratie und Bildung in überzeugender Weise her.[48]

Paradoxerweise hat sich gerade dieses Bildungsverständnis, in dessen Zentrum die Selbstzweckhaftigkeit von Bildung steht, als überaus zweckmäßig erwiesen. Denn erst die konsequente Wissenschafts- und Erkenntnisorientierung der deutschen Reformuniversität des 19. Jahrhunderts, die sich von der Ausbildungsstätte für drei akademische Berufe – nämlich Theologen, Juristen und Mediziner – zu einer Stätte freier Forschung und Lehre wandelt, lässt nicht nur die Vielfalt wissenschaftlicher Disziplinen innerhalb weniger Dekaden aufblühen (von den Natur- und Geistes- bis hin zu den Sozial- und Kulturwissenschaften), sondern löst eine wissenschaftlich-technisch-ökonomische Dynamik aus, die Deutschland als politisch, ökonomisch und sozial rückständige Region Europas zur, neben England und den USA, führenden Industriemacht der Welt macht. Ohne die humanistische Verkoppelung von Bildung und Bildungsphilosophie und ohne die Entkoppelung von Bildungsansprüchen von unmittelbarer »Verzwecklichung« wäre diese Entwicklung so nicht möglich gewesen.

---

48 John Dewey, *Democracy and Education*, New York (1916). Übersetzt von Erich Hylla, *Demokratie und Erziehung. Eine Einleitung in die philosophische Pädagogik*, hrsg. von Juergen Oelkers, Weinheim/Basel (2000).

In diesem Zusammenhang muss man die Humboldt'sche Trennung von Allgemeinbildung und Spezialbildung sehen: Allgemeinbildung ist auf ein Ethos epistemischer Rationalität und auf Persönlichkeitsbildung generell gerichtet, während die Spezialbildung für spezifische, insbesondere berufliche Tätigkeiten qualifiziert. Humboldt liegt nichts ferner als die Abwertung des Handwerklichen und Technischen, ja er hält diese für einen wesentlichen Bestandteil umfassender Bildung. Aber er legt großen Wert auf die Trennung von Allgemein- und Spezialbildung, um einen Kernbereich der Persönlichkeitsentwicklung von der Zurichtung auf bestimmte Fertigkeiten des späteren Berufes abzukoppeln. Die Abwertung handwerklicher und technischer Fähigkeiten ist ursprünglich keineswegs Bestandteil des humanistischen Bildungsideals. In der philisterhaften Verkümmerung humanistischer Bildung in den darauffolgenden Dekaden ist aber nicht nur in Deutschland, sondern auch in Italien und Spanien eine Hierarchisierung von philosophischer und geisteswissenschaftlicher Bildung über die Natur- und Sozialwissenschaften bis hin zum Technischen und Handwerklichen an der Basis der Bildungspyramide charakteristisch. Interessanterweise ist im US-amerikanischen Hochschulwesen die *Liberal Arts*-Tradition überaus präsent, die mathematisch-naturwissenschaftlich-technische Bildung ist dort, entgegen den gängigen Klischees, sogar weit marginalisierter als in Deutschland.

Die Erneuerung des humanistischen Bildungsideals beinhaltet also vor allem eine Erneuerung des Ethos epistemischer Rationalität. Dieses realisiert sich nicht in Vielwisserei (dem, was schon in der Antike als *polymatheia* kritisiert wurde), welche der Schärfung eigener Urteilskraft entgegensteht.

Humboldt war offenbar der Auffassung, die Spezialisierung des Bildungsweges, seine Ausrichtung auf spezifische Erfordernisse des Berufs oder auf die Herausforderung des Lebens sei umso weniger nötig, je anspruchsvoller die Bildungsinhalte. Für die höchste Form, die akademische Bildung, geht es in letzter Instanz ausschließlich um Urteilskraft und Persönlichkeitsbildung, die sich dann auch außerhalb der Wissenschaft in verantwortlichen Tätigkeiten bewähren wird. Diese Sichtweise entspricht interessanterweise heute eher der z. B. in Großbritannien üblichen Entkoppelung von Studiengang und akademischem Beruf. Man kann in Oxford *Classics* studieren mit dem Berufsziel, Banker in der Londoner City zu werden.

Die Studiengänge sind in Großbritannien jedoch von Anbeginn recht fachspezifisch ausgerichtet, während das Bachelorstudium in den USA zunächst eher einer gymnasialen Oberstufe gleicht und dann bei vielen Wahlmöglichkeiten im dritten und vierten Studienjahr Spezialisierungen zulässt. Kürzere Bachelorstudiengänge von zwei Jahren an *City Colleges* haben eher den Charakter einer nichtakademischen Berufsausbildung in Deutschland, allerdings ohne den starken Praxisbezug. Das US-amerikanische Bildungssystem realisiert daher – für manche sicherlich überraschend – die von Humanisten aller Zeiten geforderte Entkoppelung von Bildung und Beruf in weit höherem Maße, als dies in Deutschland der Fall ist.

In ganz Zentraleuropa wirkt die zünftische Tradition nach und bildet jeweils spezifische Fähigkeiten und Fertigkeiten für spezifische Berufsfelder aus, bis hin zu den akademischen. Aber auch hier ist seit Einführung der Magisterstudiengänge ein breiter akademischer Arbeitsmarkt entstanden, in dem es darauf ankommt, einen Studienabschluss in den Geistes-, Kultur- und Sozialwissenschaften aufzuweisen, aber nicht so sehr darauf, welchen. Die Einführung des Magisters nahm diese Entwicklung gewissermaßen vorweg, da für den Magister keine spezifischen Berufsfelder vorlagen: Vor seiner (Wieder-)Einführung in den 1960er Jahren wurden Geisteswissenschaftler in aller Regel für den Gymnasiallehrerberuf ausgebildet, zu kleineren Teilen für öffentliche Einrichtungen wie zum Beispiel Museen. Hier zeigt sich zum einen die große Variabilität unterschiedlicher Bildungssysteme, die für sich jeweils einer eigenen Logik folgen, und zum anderen die Anpassungsfähigkeit des Arbeitsmarktes an den Bildungs-»Input«.[49] Es ist nicht nur so, dass der Arbeitsmarkt bestimmte Qualifikationen erwartet, sondern Qualifikationsangebote schaffen sich einen eigenständigen Arbeitsmarkt bzw. modifizieren das bis dato vorhandene Arbeitsplatzangebot und Berufsprofil. Es ist sehr schwierig zu bestimmen, welche Balance zwischen Ver- und Entkoppelung von Bildung und Arbeitsmarkt unter ökonomischen Gesichtspunkten optimal ist. Weltweit gibt es dazu ganz unterschiedliche Modelle. Im Westen bilden Extreme die-

---

49 Vgl. Ulrich Teichler, *Hochschule und Arbeitswelt. Konzeptionen, Diskussionen, Trends*, Frankfurt a. M. / New York (2003).

ses Spektrums Österreich auf der einen und Südkorea auf der anderen Seite, wobei die USA näher bei Südkorea als bei Österreich (und Deutschland) liegen. Sowohl Österreich als auch Südkorea sind unter ökonomischen Gesichtspunkten sehr erfolgreich, sodass nichts dafürspricht, sich unter dem Aspekt des internationalen Vergleichs von der Diversität nationaler Bildungssysteme zu verabschieden.

Kapitel III

Persönlichkeitsbildung

Schon im letzten Kapitel bin ich auf den unauflöslichen Zusammenhang zwischen einem Ethos epistemischer Rationalität einerseits und der Persönlichkeitsbildung andererseits eingegangen. Dieses Ethos kann sich nur ausbilden, wenn es getragen ist von einer vernünftigen Urteils- und Entscheidungspraxis. Diese Vernünftigkeit ist nicht jeweils fallweise durch Deliberationen herzustellen, sondern äußert sich in einer Lebenshaltung und in den Strukturen der gewählten Lebensform.[50] Die Befähigung zur praktischen und theoretischen Vernunft bringen alle Menschen mit, sie ist Teil der *conditio humana.* Nicht nur die im zeitgenössischen Neoaristotelismus verkürzte Form der praktischen Vernunft als *phronesis* (als erfahrungsgesättigte Alltagsklugheit in praktischer Hinsicht), sondern auch die Fähigkeit, sich ein eigenes Urteil zu bilden, ist für diese Lebensform konstitutiv. Die theoretischen und praktischen Aspekte der Vernunft sind so eng miteinander verknüpft, dass ihre Trennung letztlich eine

---

50 Näheres dazu in: JNR, *Strukturelle Rationalität*, Stuttgart (2001).

philosophische Konstruktion ist, die außerhalb des philosophischen Oberseminars rasch an Relevanz verliert. Der zeitgenössische Neopragmatismus trägt diese lebensweltliche Erfahrung der Verbindung theoretischer und praktischer Vernunft in die Philosophie und löst damit überkommene und irreführende Dichotomien zwischen Theorie einerseits und Praxis andererseits wieder auf.

Die praktizierte Lebensform eines Individuums als Ganze repräsentiert dessen Persönlichkeit. Eingebettet in diese Lebensform ist die Praxis des Gründe-Gebens und Gründe-Nehmens, die Art und Weise der interpersonalen Verständigung. Vernunft (theoretische wie praktische) ist nicht das Privileg einer kleinen Elite, wie Platon annahm, sondern ist *conditio sine qua non* einer demokratischen Gesellschaft und Kultur. Die Demokratie beruht auf dem Postulat – oder sollte man sagen der Hoffnung? –, dass Vernünftigkeit allen gleichermaßen zugänglich ist.

Damit soll keineswegs geleugnet werden, dass es unterschiedliche Begabungen und ein unterschiedliches Maß der Realisierung praktischer wie theoretischer Vernunft in der Lebensform des Einzelnen gibt. Aber die Vorstellung, dass das Bildungssystem als Ganzes selektiert nach denjenigen, die zur eigenen Vernünftigkeit fähig sind, und denjenigen, denen dieses verschlossen bleibt und die daher für bestimmte nützliche Tätigkeiten befähigt (oder polemisch formuliert: zugerichtet) werden sollen, leugnet Vernunft als *conditio humana*, spaltet die Gesellschaft und entzieht der Demokratie ihr anthropologisches Fundament.

Unser Bildungssystem als Ganzes hat eine kognitive

Schlagseite, weil es Persönlichkeitsbildung nicht ins Zentrum stellt. Die individuelle Lebensform repräsentiert nicht lediglich kognitive Fähigkeiten – das wäre ein intellektualistischer Irrtum –, sondern emotive Sensibilität, ästhetische Zugänge zur Welt, empathische Voraussetzungen ethischer Praxis, Fähigkeiten des Urteilens, des Entscheidens und der emotiven Einstellungen gleichermaßen.[51] Entsprechend bedarf das Bildungssystem einer gründlichen Reform. Das Gesamt der Persönlichkeit muss in den Blick genommen und damit die ästhetische, die ethisch-soziale, die praktische und die physische Dimension menschlicher Existenz in weit höherem Maße als heute üblich berücksichtigt werden. Dies wäre keineswegs ein Novum in der Bildungsgeschichte, sondern ein Anknüpfen an ihre humanistischen Ursprünge. Gymnasium ist schließlich ursprünglich die Stätte der physischen Bildung. Am Beginn des Bildungsweges stehen bei Platon die Musik und dann die Mathematik. Sport, Musik, Kunst, Technik, Handwerk, praktische Erfahrungen, Wissenserwerb und Schulung der eigenständigen Urteilskraft müssen in einem Bildungssystem der Zukunft in eine bessere Balance gebracht werden, als dies heute der Fall ist. Das heutige Bildungswesen, zumal in Deutschland, ist durch eine doppelte Schlagseite geprägt: Zum einen ist das Kognitive gegenüber dem Ästhetischen, dem Ethisch-Sozialen, dem Handwerklich-Technischen und dem Physi-

---

51 Zu dieser Trias – Gründe für Urteile, Gründe für Entscheidungen, Gründe für emotive Einstellungen – vgl. detaillierter: JNR, *Verantwortung*, Stuttgart (2011).

schen privilegiert, und innerhalb des Kognitiven überwiegt der – meist nur kurzfristig wirksame – Wissenserwerb gegenüber der Stärkung der Urteilskraft. Der Hauptfeind einer humanen Reform des Bildungswesens ist die Polymathie, die auch durch Fachegoismen entstandene übermäßige Kumulation von abwrackbaren Kenntnissen gegenüber der Konzentration auf das vertiefende Argument, die Reflexion und Diskussion, aber vor allem gegenüber der Erfahrung von Gründe-geleiteter Interaktion und Kooperation und der Erfahrung und Förderung der eigenen Körperlichkeit.

Die Persönlichkeit lässt sich nicht parzellieren, nicht einmal das Wissen lässt sich in einzelne disziplinäre Kästchen sortieren. Die Persönlichkeit mit ihren emotiven, theoretischen und praktischen Kompetenzen äußert sich in der individuellen Lebensform als Ganzer. Ihre Entwicklung erlaubt erst Autorschaft des eigenen Lebens. Dies aber ist das zentrale Bildungsziel.

Kapitel IV

Vielfalt der Bildungswege

Bei allen Gemeinsamkeiten der *conditio humana*, insbesondere der uns allen gemeinsamen Vernunftfähigkeit, gibt es eine breite – kulturell und individuell verfasste – Vielfalt menschlicher Lebensformen mit je eigenen Werten und Normen, Einstellungen und Überzeugungen. Die Interessen divergieren kulturell, historisch und individuell bedingt. Das, was mir wichtig erscheint, entwickelt sich im weiten Spielraum humaner Lebensformen. Der Bildungsweg ist immer auch einer der Differenzierung mit Verzweigungen, Ab- und Umwegen, mit Rückkehrmöglichkeiten, Auf- und Abstiegen. Auf dem Bildungsweg gibt es Vorgaben und Wahlmöglichkeiten, allen Gemeinsames und Differenzierendes. Jedes Bildungsangebot beinhaltet – gewollt oder ungewollt – auch Differenzierungsmöglichkeiten. Die Vorstellung eines festen, mit der Geburt vorgegebenen Begabungsreservoirs ist sicherlich irreführend. Was jeweils als Begabung gilt, ist auch abhängig von kulturellen und familiären Prägungen, von oft mehr oder weniger zufällig sich ausbildenden Interessenlagen.

Problematisch wird Differenzierung nur dann, wenn sie auf Selektion verkürzt wird oder wenn Selektion auch nur im Mittelpunkt steht. Wird das Bildungswesen als Verteilmaschine sozioökonomischer Chancen und Positionen verstanden, dann ist es schon im Ansatz gescheitert. Bildung soll nicht selektieren, sondern befähigen, ein Leben nach eigenen Vorstellungen zu leben, Autorin oder Autor des eigenen Lebens zu sein. Menschen sind keine Instrumente, mit denen sich unternehmerische, volkswirtschaftliche oder politische Ziele verfolgen lassen, sondern »Eigenwert«, in der Formulierung Immanuel Kants: »Der Mensch hat keinen Wert, sondern eine Würde.« Nur dies rechtfertigt die bis heute übliche absolutistische Interpretation von Art. 1 Abs. 1 des Deutschen Grundgesetzes: »Die Würde des Menschen ist unantastbar.« Diese Würde wird jedoch in unserem Bildungssystem und auf unserem Arbeitsmarkt massenhaft angetastet: Menschen fühlen sich lediglich als Mittel zu bestimmten Zwecken. Im Extremfall instrumentalisieren sie sich selbst, ein Phänomen, das unter dem Schlagwort der »Selbstoptimierung« ganze Regalmeter in den Buchhandlungen füllt.

Die verständliche Kritik an Bildung als einer Selektionsmethode führt oft genug zur alternativen Idee nivellierender Bildung: Wo keine Unterschiede gemacht werden, da läuft die Selektionsmaschine ins Leere. Wenn alle das Gleiche lernen und Leistungsunterschiede keine Rolle spielen, kann nicht mehr über Bildung selektiert werden. Das ist jedoch der falsche Weg, und er würde, selbst wenn er in konsequenter und somit inhumaner Form realisiert würde, an der Widerständigkeit der Einzelnen scheitern, die ihr Eigenes auf ihrem jeweiligen Bildungsweg suchen, sich von anderen unterscheiden wollen und sich schon in sehr jungen Jahren in Konkurrenz zueinander durch Leistung hervortun möchten. Die Humanisierung des Bildungswesens ist nicht durch Entdifferenzierung und Nivellierung zu erreichen, sondern durch eine Kultur gleicher Anerkennung unterschiedlicher Leistungen, Fertigkeiten und Fähigkeiten.

Die Normierung über Bildungsangebote erfolgt oft subkutan, sie ist weder beabsichtigt noch manifest. So ist ein Aspekt des Akademisierungswahns, nämlich die Vorstellung, dass jeder, der hinreichend befähigt und engagiert ist, auch studieren sollte, subkutan ein massiver Beitrag zur Normierung: Dies ist die Norm, von der diejenigen abweichen, die diese Norm nicht erfüllen. Die Norm ist nicht die Mehrheit, sondern das, an dem man sich orientieren sollte.[52] Mit dieser Normierung werden andere, zum Beispiel handwerkliche, technische und soziale Begabungen, Interessen und Fähigkeiten impliziter abgewertet: Die entsprechenden (nichtakademischen) Berufstätigkeiten bleiben für diejenigen, denen es an Begabung und Engagement fehlt, um zur Hochschulreife (zur »Hochschulzugangsberechtigung«, wie es heute meist verräterisch heißt) und zu einem Studienabschluss zu gelangen.

Ein machtvolles Instrument der Normierung ist der ökonomische Markt und der von ökonomischen Imperativen

---

52 Vgl. hierzu die interessanten Forschungsergebnisse von Jürgen Link, in: *Versuch über den Normalismus. Wie Normalität produziert wird*, Göttingen (2006).

bestimmte Arbeitsmarkt. Wer seine eigene Lebensleistung am Lebensarbeitseinkommen misst, wer als Maß der Konkurrenz die Einkommensdifferenzen heranzieht, wer das Eigene nur in der fremden Beurteilung nach ökonomischen Interessen sieht, büßt dies am Ende in Gestalt mangelnden Selbstwertgefühls und anhaltender Verunsicherung, da die Maßstäbe der Beurteilung an ein anonymes Gratifikationssystem verlagert werden. Es ist dann nicht das erreichte Niveau des Einkommens, das mit der Lebenszufriedenheit korreliert, sondern der Vergleich mit anderen, der allerdings nicht nach eigenen Maßstäben, sondern nach denen der ökonomischen Logik des Arbeitsmarktes vollzogen wird.

Dies ist kein Plädoyer für eine Abkehr vom ökonomischen (Arbeits-)Markt. Aber ich plädiere nachdrücklich für ein Bildungssystem, das sich den Diktaten dieses Marktes nicht unterwirft, das seine Eigengesetzlichkeit behauptet, das Normen, Werte und Bildungsinhalte vermittelt, die nicht lediglich Instrument der Optimierung auf dem Arbeitsmarkt sind. Nur so können die kulturellen Bedingungen von Selbstachtung entwickelt werden. Und zweitens plädiere ich für eine soziale, kulturelle und politische Einhegung des Marktes, die der ökonomischen Optimierung Grenzen auferlegt. Wenn der Ausdruck »soziale Marktwirtschaft« nicht lediglich als ideologischer Kampfbegriff verstanden wird, dann gehört die soziale Einhegung des Marktgeschehens zu seiner zentralen Bestimmung.

Die aktuellen Normierungen unterschiedlicher Bildungsqualifikationen, etwa in Gestalt des sogenannten »Europäischen Qualifikationsrahmens«, sind durchgängig dem Paradigma von Bildung als Selektion verhaftet: Sie unterscheiden verschiedene Stufen und verbinden diese mit Gratifikationserwartungen. Insbesondere die öffentliche Hand orientiert sich an diesen Einteilungen, während sich das Marktgeschehen oft genug darüber hinwegsetzt und damit eine fast paradox erscheinende Widerständigkeit zeigt. Der Abschluss eines Kunstakademiestudiums ermöglicht eine Karriere als Hartz-IV-Empfänger, aber auch die Realisierung eines der höchsten Einkommen überhaupt. Die Binnendifferenzierung ist auf dem Arbeitsmarkt extrem groß: Insbesondere an der Spitze der nichtakademischen Qualifikationen können je nach Knappheitssituation mittlere bis hohe Einkommen erzielt werden. Bis vor wenigen Jahren war mit dem sogenannten Meisterprivileg eine Bindung bestimmter ökonomischer Möglichkeiten an eine spezifische berufliche Qualifikation (nämlich die erfolgreich bestandene Meisterprüfung) verbunden. Mit dem Wegfall des Meisterprivilegs unter neoliberalen Vorzeichen ist die Situation nicht nur für die Kunden von Handwerksbetrieben intransparent geworden, sondern die Folge ist auch die Auflösung von Unternehmensstrukturen in diesem Bereich. Solo-Selbstständigkeit und untypische Beschäftigungsverhältnisse sind seitdem massiv auf dem Vormarsch. Dies ist weder ökonomisch noch unter Bildungsgesichtspunkten eine gute Entwicklung. Die Abschaffung des Meisterprivilegs, gedacht als Beitrag zur Liberalisierung von Märkten, war de facto ein Akt der Entwertung nichtakademischer handwerklicher und technischer Qualifikationen.

Das Bildungswesen als Ganzes sollte nicht wie ein Sieb funktionieren, sondern sich wie ein Baum verzweigen.

Kapitel V

Einheit und Vielfalt der Bildung

Seit Jahrzehnten gibt es, ausgehend vor allem von den USA, eine Debatte über die Rolle des Kanons in der Bildung. Die Kritik richtet sich zum einen gegen die Festlegung bestimmter Bildungsinhalte, die andere ausschließen und damit eine allzu massive normative Wertung vornehmen, und zum anderen gegen die mangelnde Flexibilität individueller Bildungswege aufgrund kanonischen Wissens. Die Pendelausschläge waren diesseits und jenseits des Atlantiks in den vergangenen Jahrzehnten relativ heftig. Eine Phase postmoderner Beliebigkeit und die damit verbundenen Polarisierungen wirken bis heute nach. Eine weitgehende Unverbindlichkeit der Bildungsinhalte eröffnet den Einzelschulen oder Lehrkräften einen großen Gestaltungsspielraum. Das ist grundsätzlich positiv. Die Gefahr dabei ist jedoch, dass der gemeinsame Hintergrund alltäglicher Verständigung und Interaktion verloren geht. Die angemessene Balance zwischen kultureller Vielfalt, individuellen Gestaltungsmöglichkeiten und Verbindlichkeit ist bis heute noch nicht gefunden. Dieses Verhältnis muss immer wieder erneut austariert werden.

Einige Kriterien einer solchen Balance seien hier genannt, weil sie für die Behebung der Krise akademischer und beruflicher Bildung relevant sind:

1. Unsere geteilte Lebensform beruht auf einem gemeinsamen Hintergrundwissen, auf einer verlässlichen Zuschreibungspraxis emotiver Einstellungen und gemeinsam akzeptierter Normen der Interaktion. *Allgemeinbildung* ist im Kern dieses: Die Voraussetzungen einer geteilten Lebensform bereitzustellen.

2. Erst auf der Grundlage dieser Gemeinsamkeiten ist Differenzierung und Spezialisierung sinnvoll. Die einzelne Person prägt ihre Individualität über spezifische Bildungsinteressen, und die Möglichkeit, Bildungsinhalte zu wählen, ist Ausdruck einer Kultur der Verantwortung. Die Autorschaft des eigenen Lebens entwickelt sich mit der Persönlichkeit, das menschliche Individuum ist von Anbeginn seines Lebens nicht nur rezeptiv, es ist auf Selbstwirksamkeit angelegt und bringt dies schon in den ersten Lebensmonaten lautstark zum Ausdruck. Diese Lust an der Selbstwirksamkeit kann leicht in Selbstzerstörung umschlagen, weshalb sie gerahmt, geführt und gelegentlich auch gehemmt werden muss. Zwischen den Polen der Bindung und der Selbstwirksamkeit entwickelt sich die Persönlichkeit mit ihren je spezifischen Bindungen und Projekten, Zielen und Überzeugungen. Der Bildungsweg ist – entgegen der *Tabula rasa*-Theorie der Empiristen – nicht lediglich eine Form des Einschreibens

auf eine unbeschriebene Tafel, sondern Ergebnis eigener Einstellungen und Entscheidungen.

3. Eine schulische Einrichtung, die lediglich ausführt, was vorgegeben ist, erlahmt. Ob diese Vorgaben nun der Bildungsmarkt oder der Staat macht, ist zweitrangig. Schulische Autonomie bietet denjenigen, die Bildung zum Beruf gemacht haben, Gestaltungsmöglichkeiten, was die Verantwortlichkeit der Lehrenden und damit auch deren pädagogische Motivation stärkt. Da die Öffentlichkeit in demokratischen Gesellschaften mit überwiegend staatlicher Bildungsverantwortung die jeweiligen Ressortpolitiker zur Rechenschaft zieht, sind diese verführt, nach dem Muster der Weisung, der Sanktionierung oder – moderner – der Zielvereinbarung im Detail zu steuern. Dies aber ist in der Regel kontraproduktiv. Das, was die Neuhumanisten des 19. Jahrhunderts für die Universitäten postulierten, gilt auch für das Schulwesen: Der Staat trägt die Verantwortung für finanzielle und personelle Ressourcen, er gibt kanonische Bildungsinhalte vor, auf die sich die Gesellschaft als Ganze verständigen kann. Den Rest aber überlässt er der jeweiligen pädagogischen Verantwortung der einzelnen Bildungsinstitutionen. Das aktuelle Bildungswesen nicht nur in Deutschland ist überreglementiert und – wenn auch in ganz unterschiedlicher Weise in den einzelnen Bundesländern – normiert. Diese Reglementierung und Normierung zurückzufahren bedeutet nicht, den Staat aus seiner Verantwortung als Bildungsgarant zu entlassen, sondern ist vielmehr das

Signal für eine kooperative und differenzierte Bildungs-kultur.

4. Bildung ist ohne Normativität und Anthropologie nicht zu haben: Jede Bildungsanstrengung offenbart eine Vorstellung vom guten Leben, von guter Praxis und Theorie, von guter Gesellschaft, von Humanität. Die Entkoppelung von Philosophie und Erziehungswissenschaft wird gelegentlich mit dem Postulat einer wertfreien Bildung begründet. Das ist albern: Es gibt keine wertfreie Bildung. In der Bildungspraxis offenbaren sich Werte und Normen. Wer diese nicht zu reflektieren bereit ist, praktiziert keine wertfreie Bildung, sondern verfolgt ein ideologisches Konzept von Bildung, das seine normativen Fundamente nicht offenlegen will.

5. Wenn Bildung normativ geprägt ist, wenn die Bildungsinhalte immer auch Vorstellungen des guten Lebens und der guten Gesellschaft ausdrücken, kann sich ein Konflikt ergeben zwischen kulturell bestimmten, partikularen Lebensformen in der Gesellschaft und dem Bildungsangebot des Staates. Die Hoffnung liberaler Theoretiker von John Rawls bis Jürgen Habermas ist es, die öffentliche Sphäre freizuhalten von den Normen und Überzeugungen, die an eine spezifische Weltanschauung oder eine spezifische Lebensform gebunden sind, und eine genuin politische Sphäre zu etablieren, deren Begründungen von Glaubensinhalten und partikularen Lebensformen unabhängig sind. John Rawls versuchte dies in Gestalt

seiner Theorie der Gerechtigkeit und Jürgen Habermas mit seiner diskursethischen Begründung universeller Normen. In meinen Augen müssen diese und ähnliche Versuche deswegen scheitern, weil diese Abkoppelungsmöglichkeit von Ethik und Moral, von partikularer Lebensform und universeller Moralität, von Alltagspraxis und politischer Begründung nicht möglich ist. Erst recht gilt das für den Bereich der Bildung. Wie soll in einer öffentlichen Sphäre, in der es lediglich um Fragen der Gerechtigkeit geht, bestimmt werden, was die Bildungsinhalte staatlicher Schulen ausmachen soll? Zudem ist die Bildungserfahrung von Kindern und Jugendlichen zu eng mit ihrer alltäglichen Praxis verbunden, als dass eine Sphärentrennung zwischen der Normativität der Bildungsinhalte und der Bildungspraxis an staatlichen Schulen einerseits und der Normativität der geteilten Lebensform andererseits möglich wäre. Mit anderen Worten: Die liberale Trennungsthese scheitert schon hinsichtlich der politischen Gerechtigkeit, aber a fortiori hinsichtlich staatlich verantworteter Bildung. Daher kann auch hier das Kriterium der herzustellenden Balance nur graduell sein: Die Bildungsinhalte staatlicher Institutionen (oder staatlich kontrollierter privater Institutionen) sollten von einer Kultur des Respekts, der gleichen Anerkennung unterschiedlicher kultureller Lebensformen getragen sein. Dieser Respekt gegenüber kultureller Differenz, diese Kultur gleicher Anerkennung, hat ihre Grenzen dort, wo Essentialia humanen Zusammenlebens tangiert sind. Der normative Kern dieser Essentialia wird durch den Menschenrechtsdiskurs und konkret durch die Kodifizierungen der Menschenrechte, etwa in den beiden Verträgen aus der Mitte der 1960er Jahre und vorausgegangen in der »General Declaration of Human Rights« von 1948, umrissen. Das Faszinosum des Menschenrechtsdiskurses ist ja gerade, dass er sich über alle kulturellen Differenzen hinweg global bewährt hat, dass er bei allen Problemen in der rechtlichen und politischen Praxis dem gefundenen normativen Grundkonsens gerecht wird.

Um ein konkretes Beispiel anzuführen: Homosexuelle Lebensformen verdienen den gleichen Respekt wie heterosexuelle, aber auch wie polygame oder polyandrische oder promiskuitive. Dies ist ein unterdessen anerkanntes Element des globalen Menschenrechtskonsenses. Ganz anders sieht es jedoch mit der kulturellen Praxis aus. Vermutlich kann man immer noch davon ausgehen, dass die überwiegende Mehrheit der Weltbevölkerung kulturell in einer Weise geprägt ist, die sie mehr oder weniger deutlich mit dieser normativen Erkenntnis der Gleichwürdigkeit und des gleichen Respekts gegenüber unterschiedlichen sexuellen Präferenzen und Praktiken in Konflikt bringt. Dieser Konsens beschreibt also nicht eine etablierte gemeinsame kulturelle Praxis der Weltgesellschaft. Es handelt sich dennoch – oder gerade deswegen – um eine normative Erkenntnis, die gegen kulturelle Traditionen der Homophobie etc. durchgesetzt werden muss. Der demokratische, also auf dem normativen Gehalt der Menschenrechte beruhende Staat hat hier einen Bildungsauftrag: Er setzt eine Norm, deren

Geltung (deren Wahrheit) erkannt ist, gegen diskriminierende kulturelle Praktiken durch. Der demokratische Staat ist alles andere als wertneutral.[53]

Spezialbildung im Sinne einer Vorbereitung auf spezifische Berufstätigkeiten muss auf einer hinreichenden Allgemeinbildung aufsetzen. Ja, umso mobiler und dynamischer eine Gesellschaft ist, desto größer sollte der Anteil allgemeinbildender Elemente in der beruflichen Ausbildung sein. Wenn es nicht mehr möglich ist, auf einen Beruf hinzulernen, den man dann sein ganzes Leben bis zum Ruhestand ausübt, dann sind geistige Flexibilität, Offenheit und eigenständiges Denken umso wichtiger. Hierin liegt vielleicht die größte Herausforderung beruflicher Bildung in Deutschland: Die kleinteilige, auf über 300 Berufe ausgerichtete Ausbildung muss sich auf die neue Arbeitswelt der beruflichen Mobilität und Flexibilität einstellen. Das heißt nichts anderes, als dass die allgemeinbildenden Anteile größeres Gewicht erhalten müssen, ja dass in vielen Fällen ein gewisses Maß an Verwissenschaftlichung der beruflichen Bildung unverzichtbar ist. Nur wenn sich das duale System in Deutschland dieser Herausforderung stellt, kann glaubwürdig gegen diesen Aspekt des aktuellen Akademisierungswahns argumentiert werden. Wenn es tatsächlich zuträfe, wie immer wieder ar-

---

53 Dies war einer der großen Irrtümer von Seiten beider christlicher Kirchen in Deutschland im Berliner Streit um Ethik und Religionslehre an Schulen: Die These, der Staat sei weltanschauungsneutral und sei daher nicht qualifiziert, inhaltlichen Ethikunterricht zu geben.

gumentiert wird, dass schon deswegen eine Verlagerung von Berufsausbildung an die Universitäten erfolgen müsse, weil nur hier das flexible und eigenständige Denken gelehrt werde, dann hieße das im Umkehrschluss, dass das flexible und eigenständige Denken in der beruflichen Bildung zu kurz kommt. Dies mag in der Tat teilweise so sein. Der immer deutlicher gewordene Trend der Akademisierung und der Rückgang des Anteils derjenigen, die sich für eine nichtakademische Berufsausbildung entscheiden, birgt die Gefahr, dass das duale System darauf erst recht mit dem Absenken kognitiver Ansprüche reagiert. Dies hielte ich jedoch für grundfalsch. Umgekehrt wird ein Schuh draus: Ich plädiere für ein höheres Maß an Allgemeinbildung und wissenschaftlichen Anteilen in der beruflichen Ausbildung an den staatlichen Berufsschulen und in den Unternehmen, um die nichtakademischen Fachkräfte auf veränderte berufliche Herausforderungen angemessen vorzubereiten. Auch für die Aufgewecktesten eines Jahrgangs sollte die berufliche Bildung attraktiv sein. Und diejenigen, die nichtakademische Fachkräfte einstellen, sollten davon ausgehen können, dass sich ein hoher Anteil intelligenter und engagierter Menschen darunter befindet.

Wilhelm von Humboldts Postulat der strikten Trennung von Allgemeinbildung und »Spezialbildung« war eine – verständliche – Reaktion gegen die vordergründige Wissenschaftsorientierung, die seitdem – das heißt seit gut 200 Jahren – im gesamten Bildungswesen deutlich wichtiger geworden ist, sodass wir uns vom Trennungspostulat des Deutschen Idealismus verabschieden sollten. An dieser Stelle plädiere ich für einen Bruch mit der idealistischen Tradition: Praxis und Theorie, Handwerk, Lebenswelt und Wissenschaft bilden eine Einheit, ein Kontinuum mit graduellen, aber nicht kategorialen Unterschieden.

Kapitel VI

Demokratie und Bildung

Bildungs- und Demokratietheorie hängen weit enger miteinander zusammen, als die heutige wissenschaftliche Arbeitsteilung vermuten lässt. Für Platon bildeten politische Philosophie und Pädagogik ohnehin eine Einheit. Platon war kein Demokrat: Seiner Bildungstheorie zufolge gibt es Menschen dreier Kategorien, nämlich solche aus Gold, solche aus Silber und solche aus Eisen.[54] Das allgemeine (staatliche) Bildungsangebot sollte herausfinden, wer in welche dieser drei Kategorien gehört und diese dann entsprechend fördern. Das heutige dreigliedrige Schulwesen ist ein später Widerhall dieses platonischen Ansatzes. Eine Elitentheorie der Bildung ist mit Demokratie unverträglich. Wenn es tatsächlich so wäre, dass nur ein kleiner Prozentsatz der Menschen zu eigenständiger Urteilskraft im Stande wäre, dann müsste Demokratie als abwegige Form politischer Entscheidungsfindung gelten. Platon sah das folgerichtig auch so, er kannte ja die Demokratie in ihrer ursprünglichen radikalen athenischen Form

---

54 Platon, *Politeia*, Buch III, 414b–415a.

aus eigener Anschauung. Die heute vielen selbstverständlich gewordene Staats- und Gesellschaftsform Demokratie ist von starken Voraussetzungen abhängig. Und zu diesen gehört an vorderster Stelle die Annahme einer allgemeinen Bildungsfähigkeit der Menschen. Wenn es nicht möglich ist, so gut wie alle über einen Bildungsweg zu eigenständiger Urteilskraft und Entscheidungsstärke zu führen, dann ergibt die demokratische Staats- und Gesellschaftsform keinen Sinn.

Zyniker mögen dem entgegenhalten, dass Demokratie ja nur so heißt, aber de facto keine ist, dass auch in der Demokratie nur kleine Eliten entscheiden und der Rest zur Akklamation aufgerufen ist. Dass wir es in Wirklichkeit mit einem Pluralismus der Interessenlagen und des permanenten Aushandelns von Gruppeninteressen zu tun haben, etwa in Gestalt des Lobbyismus und der Einflussnahme von Verbänden auf die Parlamente und Regierungen, weswegen Volkswahlen daher eine Art Selbstbetrug seien. Ich mache mir diesen zynischen Standpunkt nicht zu eigen, will aber nicht leugnen, dass es unterschiedliche Möglichkeiten der politischen Einflussnahme gibt, die mit der staatsbürgerlichen Gleichheit schwer vereinbar sind.[55] Der normative Kern der Demokratie ist die öffentliche Deliberation, der Austausch von Gründen für und wider eine politische Entscheidung, einen Gesetzentwurf oder einen internationalen Vertrag. Bürgerschaft besteht darin, sich an diesem öffentlichen Disput zu beteiligen, seine Meinung beizutragen und Einfluss zu nehmen. Die Repräsentation über Parlamentarier führt zu

---

55 Vgl. JNR, *Demokratie und Wahrheit*, München (2006).

einer Stellvertretung der Bürgerschaft im Parlament. Diese Stellvertretung besteht nicht darin, dass soziale, kulturelle oder ökonomische Gruppeninteressen jeweils durch deren Repräsentanten im Parlament vertreten werden, sondern darin, dass die »Volksvertreter« stellvertretend das Für und Wider politischer Entscheidungen im Parlament erörtern. Die Rückkoppelung erfolgt in Form von journalistischer Berichterstattung, Diskussionsveranstaltungen, Leserbriefen, Chatrooms oder privatem Meinungsaustausch. Ohne diesen öffentlichen Raum der Gründe und ohne die Beteiligung der Bürgerschaft an diesem öffentlichen Raum verliert die Demokratie ihre Substanz.

In der modernen Demokratie können Entscheidungen nur getroffen werden, wenn sie rechtsförmig sind, also im Einklang mit den rechtlichen Normen erfolgen, und wenn sie eine hinreichende institutionelle Kohärenz aufweisen. Dies im Einzelnen zu beurteilen erfordert Fachwissen, das unter den Bürgerinnen und Bürgern in der Regel nicht allgemein vorausgesetzt werden kann. Damit kommt die juristische, ökonomische, institutionelle und wissenschaftliche Expertise ins Spiel. In Gestalt von Anhörungsverfahren und Stellungnahmen fließt diese in die politische Entscheidungsfindung mit ein. Aber der Kern der Demokratie bleibt in Gestalt der öffentlichen Meinungsbildung über das politisch Wünschenswerte erhalten. Experten geben das Ergebnis der öffentlichen Deliberation nicht vor, sie beeinflussen es, und im günstigsten Falle ergibt sich eine Konvergenz von öffentlicher Meinungsbildung und der Stellungnahmen aus Expertenkreisen, darunter auch die Wissenschaft. Es gehört zum

Berufsbild des Politikers, dass er zwischen diesen Einfluss-größen (öffentliche Meinungsbildung, organisierte Interes-senwahrnehmung, Expertenwissen) vermittelt. Dies macht seine besondere Rolle und im günstigsten Fall seine besonde-re Kompetenz aus. Ohne den öffentlichen Raum politischer Gründe, ohne Allgemeinbildung, ohne Fähigkeit zur politi-schen Urteilskraft keine Demokratie.

Daraus ergeben sich einige Postulate für die Bildungspra-xis, aber auch für die Wissenschaft und für die Politik: Die Bildungspraxis als Ganze sollte darauf gerichtet sein, eine ei-genverantwortliche Autorschaft des Lebens zu ermöglichen. Zu dieser Autorschaft gehört die Fähigkeit, Gründe für Über-zeugungen, für Handlungen und für emotive Einstellungen vorzubringen und auf diese Weise mit anderen Menschen mit ihren je eigenen Gründen zu interagieren und zu koope-rieren.[56] Demokratie beruht auf gesellschaftlicher Koopera-tion, auf der Bereitschaft, Interessenstandpunkte abzuglei-chen, sich auch so weit vom eigenen Interessenstandpunkt zu distanzieren, dass ein kooperatives Verhältnis möglich und eine humane Gesellschaftsform praktisch wird.[57] Damit ist es die Bildungspraxis als Ganze, die genuine demokrati-sche Bürgerschaft (citoyenneté) ermöglichen sollte. Aber auch von Seiten der Expertise ist in der Demokratie ein Beitrag gefordert. In der Demokratie ist der Adressat politischer Gründe immer die Bürgerschaft als Ganze und nicht nur spezifische Interessengruppen, kulturelle Gemeinschaften,

---

56 Ausführlicher in JNR, *Verantwortung*, Stuttgart (2011).
57 Vgl. JNR, *Demokratie als Kooperation*, Frankfurt a. M. (1999).

sozioökonomische Schichten oder regionale Identitäten. Die Wissenschaft in der Demokratie untersteht dem Postulat der Publizität: Sie hat ihre für die weitere demokratische Entwicklung wesentlichen Einsichten so zu formulieren, dass sie allgemein verständlich (den allgemein gebildeten Bürgerinnen und Bürgern nachvollziehbar) sind und im Hinblick auf ihre praktischen Implikationen beurteilt werden können. Nur so leistet die Wissenschaft in der Demokratie ihren kooperativen Beitrag zur demokratischen Entwicklung.

Gemeinsame Bildungserfahrungen sind also wesentlich für eine demokratische Gesellschaft. Eine frühzeitige Separation tendiert nicht nur dazu, die sozioökonomische Schichtung der Gesellschaft zu spiegeln und damit festzuschreiben, sondern separiert hinsichtlich sprachlicher Ausdrucksfähigkeit und damit auch hinsichtlich bürgerschaftlicher Teilhabe. Längeres gemeinsames Lernen ist deswegen demokratiefördernd, es verhindert das Abdriften ganzer Bevölkerungsteile in die unartikulierte Privatheit der Interessen. Längeres gemeinsames Lernen muss aber vereinbar sein mit der in den vorausgegangenen Kapiteln angesprochenen Differenzierung. Die unterschiedlichen Bildungswege, Interessenschwerpunkte, Begabungen und Engagements dürfen nicht – in vermeintlich demokratischem Geist – unterdrückt werden. Dies spricht dafür, thematische und inhaltliche Differenzierung mit räumlicher Vernetzung zu verbinden. Dies spricht gegen eine Separierung in unterschiedliche Bildungszweige je nach Notenlage in der vierten Grundschulklasse, aber für Differenzierungsmöglichkeiten schon in frühen Jahren der Schullaufbahn.

Zweiter Teil

Zur Krise beruflicher Bildung

Kapitel VII

Der Irrtum des Intellektualismus

Die *Nikomachische Ethik* des Aristoteles beginnt mit der These, dass jede Praxis, jede Entscheidung *(prohairesis)*, jedes Wissen und jede Wissenschaft und schließlich auch jedes Handwerk, jede Kunstfertigkeit, jede Technik *(technē)* nach etwas Gutem strebe. Um es etwas anders zu formulieren: Die menschliche Lebensform als Ganze bringt Wertungen zum Ausdruck, in ihr offenbaren sich Wertungen. Diese Wertungen sind der jeweiligen Aktivität inhärent. Aristoteles unterscheidet an dieser Stelle sorgfältig zwischen Aktivitäten, die wir lediglich um des Ergebnisses willen verfolgen, und Aktivitäten, die wir um ihrer selbst willen verfolgen. Man könnte es als produktivistischen Irrtum der Moderne bezeichnen, dass Aktivitäten nur um ihres instrumentellen Wertes für ein Produkt geschätzt werden. Die produktivistische Ideologie besagt, dass jedes Tun nur dann rational ist, wenn wir angeben können, zu welchem Ergebnis es führt.[58]

---

58 Hannah Arendt hat diese Kritik in ihrem Hauptwerk radikalisiert: *Vita activa* (engl. Original *The Human Condition,* 1958), Zürich (2002).

Vielleicht ist es manchmal notwendig, sehr alte Texte zu lesen, um die Beschränktheit und die Einseitigkeiten der zeitgenössischen Sichtweise zu erkennen. Da die Aktivitäten – solche, die auf das Herstellen von Dingen gerichtet sind, aber auch solche, die sozialen Zwecken dienen, ebenso wie diejenigen, die auf Erkenntnis gerichtet sind – in sich stimmig sein und zueinander passen sollten, stellt sich die Frage, wie dieser Zusammenhang gestiftet werden kann. Die klassische Antwort, die nicht nur Aristoteles oder Platon, sondern auch Epikur und Chrysipp geben, lautet: All diese Aktivitäten erhalten ihren Wert, insofern sie etwas zu einem gelungenen bzw. zu einem guten Leben beitragen. *Eudaimonia* ist der griechische Ausdruck, der irreführend meist mit »Glückseligkeit« übersetzt wird. Mit Seligkeit hat *eudaimonia* aber sicherlich gar nichts zu tun. Es ist nicht der mentale Zustand, den es zu optimieren gilt, der den letzten Maßstab des Guten und Richtigen bildet. Es ist, so könnte man ironisch sagen, überhaupt keine Form von »Seligkeit«. An der betreffenden Stelle in der *Nikomachischen Ethik* wird *eudaimonia* definiert als die Aktivität der Seele gemäß der Tugend, woraus man schon ersehen kann, dass es sich dabei nicht um einen mentalen Zustand handelt. *Eudaimonia* charakterisiert menschliche Aktivität als Ganze. Und diese ist umso höher zu schätzen, je eher sie geeignet ist, menschliche Fähigkeiten zur vollen Entfaltung zu bringen. Das ist hier mit »Tugend« *(aretē)* gemeint. Auch bei Aristoteles gibt es allerdings die Hochschätzung der Kontemplation, also der betrachtenden, der theoretischen Lebensweise. Aristoteles geht so weit, die damit verbundene Lebensform als eine zu bezeichnen, die wir mit den Göttern teilen. Aber ihm ist wohl bewusst, dass die menschliche Lebensform auf Interaktion, auf Verständigung, auf Kooperation, auf die handwerkliche Umformung von Gegenständen und die technisch und wissenschaftlich angeleitete Gestaltung der Lebenswelt gerichtet ist. Die Muße, von der die Alten schwärmen, ist nicht etwa der ewige Urlaub im »wohlverdienten« Ruhestand, sondern der Rückzug aus der *polypragmosyne*, der Vielbeschäftigtheit des öffentlichen Lebens. Cicero, der große Prätor, Anwalt, Politiker und Schriftsteller, schwärmt von den Wochen des Rückzugs, aber nicht etwa weil er es sich in dieser Zeit gutgehen ließ, sondern weil er den Intrigen, den täglichen Herausforderungen, dem Springen von Projekt zu Projekt entzogen war und sich in gerade manischem Arbeitseifer der Abfassung von *De officiis* widmen konnte, seinen langen Mahnbrief an seinen über die Stränge schlagenden und wohl über die Maßen verwöhnten Sohn.

Das, was heute so intensiv wie folgenlos unter der Überschrift *Work-Life-Balance* diskutiert wird, sollte in einem weit umfassenderen Sinne begriffen werden: Als ein Leben im Gleichgewicht, in innerer und äußerer Harmonie, als ein Leben, das Praktisches und Theoretisches, Einwirkendes und Beobachtendes, Fremd- und Eigenbezogenes, Konkretes und Abstraktes in Balance hält. Die arbeitsteilige moderne Gesellschaft erlaubt es in der Regel nicht, all dies in einer individuellen Lebensform zu realisieren. Wir differenzieren unterschiedliche Aktivitätsformen an unterschiedliche Gruppen der Gesellschaft aus, was unter ökonomischen Gesichtspunkten vorteilhaft, oft sogar unverzichtbar ist, aber zugleich die individuelle Lebensform verarmen lässt. Zeiten der Bildung sollten wir als Zeiten der Freiheit verstehen, einer Freiheit, die es erlaubt, diese Balancen frei von unmittelbaren Verwertungsinteressen aufrechtzuerhalten. Die frühe und radikale Separierung derjenigen, die sich auf das Eine spezialisieren, und der anderen, die sich auf das Andere spezialisieren, zerstört diese Balance – in der einzelnen Person und in der Gesellschaft als Ganzer. Technik und Handwerk prägen unsere Lebenswelt, die Räume, in denen wir leben, die Fahrzeuge, in denen wir uns fortbewegen, die täglichen Dienstleister in Gestalt einer Vielzahl von Haushaltsgeräten und schließlich mit rasant zunehmender Bedeutung die auf Kommunikation ausgerichteten Gerätschaften wie Smartphones und iPads. Die kommunikativen Akte, ermöglicht durch Mobilfunknetze und das Internet, sind ebenso real wie das Gespräch auf dem Dorfplatz vor 500 Jahren. Mit dem Internet wird keine virtuelle Welt sozialer Beziehungen aufgespannt, sondern die sozialen Beziehungen verändern und globalisieren sich. So problematisch das implizite Ethos der Social Media teilweise ist, so kann doch kein Zweifel daran bestehen, dass der Zugang zum Internet und speziell zu Social Media zunehmend Voraussetzung für kulturelle Inklusion ist. Der Zugang zu einer Technologie, dem Internet, ist damit de facto für weite Teile der Weltgesellschaft zu einem Menschenrecht geworden.

Wie immer bei neuen Technologien stehen sich Euphoriker und Apokalyptiker gegenüber. Die einen glauben, dass mit dem Internet die alte Welt, die Gutenberg-Galaxis, untergegangen sei und sich eine ganz neue Logik der Bilder etabliere. Und die anderen befürchten, dass das Buch als zentrales Medium der neuzeitlichen Kultur verschwinde und sich ein neues Analphabetentum breitmachen würde. Apokalyptiker wie Euphoriker sitzen dem gleichen, nämlich dem technizistischen Irrtum auf, wonach das Medium der Verständigung die Inhalte bestimme. In extremen Varianten verschwindet der Autor hinter den »Aufzeichnungssystemen«, sodass am Ende nur der Rückgriff auf die Antike und die Vorsokratiker bleibt, um sich der *conditio humana* zu versichern.[59] Zu dieser *conditio humana* gehört seit Menschengedenken das Bestreben, auf die natürliche Umwelt einzuwirken, um aus ungeformter Natur nützliche Gegenstände zu schaffen. Handwerk und Technik sind keine Erfindungen der Moderne, sondern begleiten die menschliche Existenz seit ihren Ursprüngen. Eine vom Haptischen, vom Handwerklich-Technischen dissoziierte Bildungselite verliert daher den Zugang zu einem zentralen Element menschlicher Lebensform. Wenn diese Dissoziierung sich verallgemeinert und immer größere Teile der Bevölkerung umfasst, verwandelt sich dieser Verlust von einem lediglich individuellen zu einem kulturellen, gesamtgesellschaftlichen Defizit. Ohne eine Neuausrichtung unseres Bildungssystems, nicht nur in Deutschland, wird sich diese Fehlentwicklung nicht stoppen lassen.

----

59 Friedrich Kittler (1943–2011), der als Kronzeuge der technizistischen Ideologie gelten kann, kehrt in seinen letzten Schaffensjahren zu den ganz alten Philosophen der Humanität der griechischen Klassik zurück, so etwa in: *Musik und Mathematik I. Hellas 1: Aphrodite,* Paderborn (2006), und *Musik und Mathematik I. Hellas 2: Eros,* Paderborn (2009).

Wer einer umfassenden »Akademisierung« das Wort redet, wer sich dafür einsetzt, dass immer mehr Berufsausbildungsgänge an die Hochschulen verlagert werden, verfolgt impliziter eine Abkehr unseres Bildungswesens vom Konkreten, vom Haptischen, vom Handwerklich-Technischen. Universitätsprofessuren qualifizieren sich über ihre Forschungsleistung, mit Abstrichen gilt dies auch für Lehrende an Fachhochschulen. Wer einem über Wissenschaft qualifizierten Lehrpersonal das Konkrete, das Handwerklich-Technische, die Ausbildung zu sozialer Berufstätigkeit überantwortet, entscheidet sich für ein intellektualistisches Programm. Unter Intellektualismus verstehe ich die Auffassung, dass die entscheidende Voraussicht einer richtigen Praxis in deren theoretischer Durchdringung besteht. Dies ist der uralte Konflikt zwischen Platonikern und Aristotelikern. Platon war Intellektualist, Aristoteles war Antiintellektualist, für Platon steht die *sophia*, die wissenschaftlich begründete intellektuelle Durchdringung im Zentrum, für Aristoteles die *phronesis,* die erfahrungsgesättigte Lebensklugheit. Für den einen ist jede falsche Praxis Ausdruck eines theoretischen Versagens, einer mangelnden intellektuellen Durchdringung. Für den anderen ist die Theorie, auch die wissenschaftlich gestützte, wichtig, aber nicht allein ausschlaggebend für die richtige Praxis, ja es gibt ganze Bereiche der Praxis, die gut sein können, ohne dass sie von theoretischen Einsichten begleitet sind: Der Weltmeister im Diskuswerfen muss nicht physikalische Ballistik studiert haben. Der gute Handwerker muss nicht einmal in der Lage sein, mit Worten zu erklären, warum er dieses genau so und nicht anders verrichtet.

Hier tut sich eine philosophische Tiefendimension auf, die mich lange beschäftigt hat, ohne dass ich wirklich zu einer abschließenden Klärung gelangt wäre, und die ich hier allenfalls andeuten kann: Was ist eigentlich Wissen? Üblicherweise wird in der analytischen Philosophie zwischen *knowing that* und *knowing how* unterschieden, und die verbreitete Auffassung ist, dass mit dieser Unterscheidung alles Wesentliche gesagt sei.[60] Das halte ich für einen Irrtum. Auch der gute Handwerker, der nicht in der Lage ist, mit Worten zu erläutern, warum der Handgriff genau in dieser Weise vollzogen werden sollte und nicht in einer anderen, besitzt propositionales Wissen. Er weiß, *dass* dieses richtig und jenes falsch ist. Propositionales Wissen zeigt sich keineswegs daran, dass es von demjenigen, der über dieses Wissen verfügt, formulierbar ist. In vielen Fällen reicht das Zeigen, um propositionales Wissen zu vermitteln. Anders formuliert: Jedes *knowing how* ist auch ein *knowing that*. Der Irrtum dieser Trennung beruht auf der in der Philosophie seit Beginn des 20. Jahrhunderts dominierenden lingualistischen Doktrin, wonach alles Wissen letztlich sprachlich verfasst ist. Das Gros unseres Wissens ist nichtsprachlich verfasst, in dieser Hinsicht wenigstens hat die Neurophysiologie der vergangenen Jahrzehnte zur Aufklärung beigetragen.[61]

---

60 Es ist Gilbert Ryle, der Mitte des 20. Jahrhunderts diese Unterscheidung einführt (vgl. Gilbert Ryle, *The Concept of Mind*, Chicago [1949], v. a. Kapitel 2).

61 Vgl. zur Bedeutung impliziten Wissens u. a.: Michael Polany, *The Tacit Dimension*, Chicago (1966), zu den heute in der Neurowissenschaft gängigen Begriffsbestimmungen: Larry Squire, *Memory and*

Handwerklich-technisches Wissen ist also Wissen eines anderen Typs, aber keineswegs eine lediglich praktische Angelegenheit. Die handwerklich-technische, erst recht die soziale Praxis in nichtakademischen Berufsfeldern beruht auf einem hochkomplexen Wissen, dessen Komplexität sich auch darin äußert, dass es in vielen Fällen nicht sprachlich repräsentiert werden kann, erst recht nicht in einer Sprache der wissenschaftlichen Disziplin, die gegenüber der Vielfalt lebensweltlich gebrauchter Begriffe immer vergleichsweise arm ist. Psychoanalytikern ist zu Recht immer wieder vorgehalten worden, dass sie der naiven Vorstellung anhingen, der Erkenntnis der Ursachen eines psychischen Problems eine Heilungswirkung zuzuschreiben. In der Tat sind dies offenkundig zwei unterschiedliche Dinge. Ob dies nun eine überzeugende Kritik an der Psychoanalyse ist, sei dahingestellt, aber es ist offenkundig, dass die Akademisierung der beruflichen Bildung ebenfalls dem intellektualistischen Dogma verpflichtet ist. Es ist aber durchaus fraglich, ob der Erzieher, der ein Psychologiestudium absolviert hat, mit dreijährigen Kindern besser umgehen kann als derjenige, der eine intensive praktische Erfahrung unter Anleitung erfahrener Erzieher hinter sich hat.[62] Der Übergang von der – zutref-

---

Brain, New York / Oxford (1987), sowie Daniel Schacter, *Searching for Memory. The Brain, the Mind and the Past,* New York (1997).

62 Interessanterweise wird jungen Eltern in der Beratungsliteratur von Psychologen und Pädagogen empfohlen, sich beim Umgang mit Kindern nicht von Theorien leiten zu lassen, sondern von Respekt und Intuition. Warum sollte dies im Falle der Erzieher in Krippen grundstürzend anders sein? Die Erziehungsleistung von

fenden – These, dass Erzieher ein anspruchsvoller Beruf sei, zu der Schlussfolgerung, dass Erzieher deswegen ein wissenschaftliches Studium absolvieren müssten, beruht auf gerade diesem intellektualistischen Fehlschluss. Es ist zweifellos zutreffend, dass nicht nur Erzieher, sondern so gut wie alle betreuenden, heilenden und pflegenden Berufstätigkeiten von der Wiege bis zur Bahre eine extrem hohe Qualifikation voraussetzen. Völlig offen bleibt aber, ob diese gerade durch ein wissenschaftliches Studium am besten vermittelt wird. Gleiches gilt für den handwerklich-technischen oder den kaufmännischen Bereich.

Eltern ist gegenüber der von Erziehern nicht kategorial verschieden, die Anforderungen sind durchaus vergleichbar.

Kapitel VIII

Verwissenschaftlichung beruflicher Bildung

In scheinbarem Widerspruch zu meiner These vom Irrtum des Intellektualismus steht meine Forderung, die berufliche Bildung bis zu einem gewissen Grad zu verwissenschaftlichen, um sie zukunftsfest zu machen. Diese Verwissenschaftlichung der beruflichen Bildung sollte aber nicht in Gestalt eines wissenschaftlichen Studiums an einer Universität erfolgen, sondern in der Regel im dualen System. Die wissenschaftlichen Anteile beruflicher Bildung sind also, soweit es geht, in die Praxiserfahrung zu integrieren. Dies setzt voraus, dass die Ausbilder nicht lediglich die eigenen Erfahrungen aus jahrelanger Berufspraxis und die erworbenen Kenntnisse aus der genossenen beruflichen Bildung weitergeben, sondern sich während der gesamten Zeit ihrer Tätigkeit als Ausbilder im Betrieb auf den neuesten Stand der für ihre Berufspraxis relevanten wissenschaftlichen Entwicklung bringen. In vielen Fällen schreitet der Prozess der wissenschaftlich-technisch-praktischen Erkenntnisse so rasch voran, dass sie mit den vor Jahrzehnten erworbenen begrifflichen und methodischen Kenntnissen nicht mehr erfasst werden können. Hier wartet also auf die Ausbilderinnen und Ausbilder im Unternehmen eine anspruchsvolle Aufgabe, zumal Weiterbildung bis heute einen überwiegend freiwilligen Charakter hat. Es gibt verschiedene Anreize in den Unternehmen, denen bislang aber nur unzureichende Angebote gegenüberstehen. Die Universitäten, zu deren Aufgaben seit den Zeiten der Hochschulrahmengesetzgebung die wissenschaftliche Weiterbildung gehört, scheinen dieses Feld erst heute für sich zu entdecken, wobei die Weiterbildung von Akademikern im Mittelpunkt steht. Aber auch den Berufsakademien und vor allem den Berufsschulen selbst wächst hier eine neue Verantwortung zu.

Es gehört zu den Krisensymptomen der beruflichen Bildung, dass sie sowohl von den Betroffenen (den Auszubildenden) als auch von Berufsbildungspädagogen und Bildungstheoretikern als zu starr wahrgenommen wird. Neue technologische und wissenschaftliche Entwicklungen fließen in die Ausbildungsmethoden und Inhalte nicht oder nur zögerlich ein. Jede erfolgreiche Praxis weist notwendigerweise zwei Komponenten auf, die in einem permanenten Spannungsverhältnis zueinander stehen: Einerseits die Regelgeleitetheit dieser Praxis, die sie erst erlernbar und für andere verständlich macht, und andererseits die Autonomie und Flexibilität der betreffenden Akteure, die Voraussetzung für Kreativität und Fortschrittsdynamik ist. Ein Kernelement, das akademischen Berufstätigkeiten schon immer eigen war, das mittlerweile aber auch in allen Ausbildungsberufen erwartet wird, ist die Fähigkeit zur selbstständigen Planung und Durchführung der beruflichen Praxis. Es kann also nicht nur um die verlässliche Reproduktion vorgegebener Verhaltensmuster oder um die detailgenaue Ausführung von Vorgaben gehen, sondern eben auch um eigenverantwortliche berufliche Praxis von Anbeginn der Berufstätigkeit. Dass diese Fähigkeit bei Übernahme von Leitungsfunktionen im Unternehmen oder in der Verwaltung verstärkt nachgefragt ist, versteht sich von selbst. Der berufliche Bildungsweg bis zur Meisterprüfung ist auch einer in die weitgehende oder vollständige Selbstständigkeit. Die Abschaffung des sogenannten Meisterprivilegs, also der Genehmigung zur Leitung eines Betriebs nur durch einen Meister, war das falsche Signal, denn damit wurde dieses Unterscheidungsmerkmal, die mit dem Meistertitel belegbare Qualifikation, ökonomisch weitgehend entwertet. Der Wegfall des Meisterprivilegs führt auch zu einem massiven Nachteil für die Kunden, die nun nicht mehr davon ausgehen können, dass wenigstens eine, nämlich die letztverantwortliche Person im Handwerksbetrieb die Fähigkeit zu selbstständiger Planung, Durchführung und Kontrolle der jeweiligen beruflichen Praxis auch tatsächlich besitzt.

Die Verwissenschaftlichung beruflicher Bildung sollte daher nicht in erster Linie darauf gerichtet sein, den theoretischen Hintergrund der jeweiligen nichtakademischen Berufstätigkeit zu erhellen, sondern vor allem darauf, die eigene Urteilskraft zu schärfen und die eigenen Entscheidungen von vorgegebenen Regelsystemen zu emanzipieren, und damit Kreativität und Fortschrittsdynamik zu befördern. Der Berufsschule als zweiter Säule des dualen Systems kommt dabei eine besondere Rolle zu: Sie muss sich – nolens volens – von der jeweiligen Ausrichtung auf eine spezifische berufliche Praxis so weit distanzieren, dass ihre Inhalte für ein breites Spektrum beruflicher Tätigkeiten und beruflicher Ausbildungsgänge relevant sind. Hier liegt die Verwissenschaftlichung gewissermaßen schon in der Funktion der Institution selbst. Damit können zwei Krisensymptome beruflicher Bildung simultan angegangen werden: Zum einen die oft beklagte mangelnde Flexibilität der Ausbildungsgänge und zum anderen die unzureichende Vernetzung der Bildungsinhalte in Betrieb und Berufsschule. Verwissenschaftlichung trägt zur Stärkung der Urteilskraft bei, und das bewährt sich in ganz unterschiedlichen beruflichen Handlungsfeldern.

Ein weiterer, angesichts der jüngsten Entwicklungen in Deutschland besonders aktueller Aspekt tritt hinzu: Der wachsende Anteil von Abiturienten[63] und Studienabbrechern, die ins duale System wechseln, fühlt sich von den Angeboten der beruflichen Bildung oft unterfordert. Tatsächlich weisen gerade diese Gruppen im praktischen Be-

---

63 Ich verwende diesen Terminus jetzt im Sinne von »Hochschulzugangsberechtigte«, wie der bürokratische Terminus heißt, und somit nicht im engeren Sinne derjenigen, die einen Gymnasialabschluss vorweisen. Schon deswegen, weil der Ausdruck »Hochschulzugangsberechtigung« ein bürokratisches Ungetüm ist, wäre es besser, von »Hochschulreife« zu sprechen, aber die Ersetzung von »Hochschulreife« durch »Hochschulzugangsberechtigung« impliziert wohl unbeabsichtigt auch das Zugeständnis, dass Hochschulzugangsberechtigung nicht notwendigerweise Hochschulreife bedeutet.

reich dramatische Defizite auf, fühlen sich aber im theoretischen Bereich der beruflichen Bildung nicht ausgelastet. Hier stärker zu diversifizieren und auch die kognitiven Fähigkeiten stärker anzusprechen wird die Attraktivität beruflicher Bildung für diesen vermutlich wachsenden Teil der Auszubildenden erhöhen und stellt insofern eine Antwort auf die oft diskutierte Heterogenisierungsproblematik der ausbildenden Struktur dar. Auffällig ist, dass in der Vergangenheit Studienberechtigte meist schon wenige Jahre nach Ausbildungsende ein Studium aufgenommen haben, was man in unterschiedlicher Weise interpretieren kann. Eine Erklärung ist sicher die, dass dieser Bildungsweg von vornherein geplant war: Eine Lehre dem geplanten Studium vorauszuschalten, um entsprechende praktische Kenntnisse zu erwerben – z. B. eine Banklehre dem BWL-Studium, mit dem Ziel, eine Karriere im finanzwirtschaftlichen Sektor anzugehen. Bei dergleichen Bildungsplanung kann man nicht von einer Frustration im jeweiligen Ausbildungsberuf sprechen. In anderen Fällen mögen die fortbestehenden Differenzen in Status und Einkommen zwischen akademischen und nichtakademischen Berufstätigkeiten ausschlaggebend sein. Daneben gibt es offenkundig auch viele, die entgegen ursprünglicher Planung dann doch ein Studium aufnehmen, weil sie sich mit ihren Fähigkeiten im Ausbildungsberuf nicht gut aufgehoben fühlen. Um die Krise der beruflichen Bildung zu beheben, ist es wichtig, sie für ein breites Spektrum von Begabungen und Qualifikationen attraktiver zu gestalten.

Kapitel IX

Kreativität und Innovation

Sowohl aus der Kunst- als auch aus der Wissenschaftsge-
schichte lassen sich einige interessante Schlussfolgerungen
für die Bedingungen von Kreativität und Innovation ziehen.
Thomas S. Kuhn hat zwischen normaler und außerordent-
licher Forschung unterschieden. Während Karl Popper den
Gang der Wissenschaft als einen permanenten Prozess der
kritischen Prüfung und der Verwerfung von Hypothesen
und Theorien sah, also als einen zerstörerischen Prozess,
der den wissenschaftlichen Fortschritt vorantreibt, setzte
Kuhn dem aufgrund sorgfältiger wissenschaftshistorischer
Untersuchungen ein ganz anderes Bild entgegen: Demnach
ist die normale Praxis der Wissenschaft durch ein etabliertes
Paradigma geprägt, innerhalb dessen bestimmte Problem-
lösungen vorgenommen werden, das aber von den beteiligten Forschern nicht infrage gestellt wird. Wer dieses Paradigma selbst infrage stellt, scheitert in der Regel. Nur in
bestimmten Sonderfällen führt das Abweichen von der etablierten Methode, die sich anhand bestimmter paradigma-
tischer Fälle entwickelt hat, am Ende zur Etablierung eines

neuen Paradigmas, also zu einer neuen, wirklich tiefgreifenden Innovation der jeweiligen wissenschaftlichen Theorie. Voraussetzung dafür ist, dass sich das alte Paradigma in einer Art Krise befindet, also sich die Hinweise häufen, dass man unter diesen Bedingungen nicht mehr weiterkommt und – dies ist jedenfalls Kuhns These – dass eine Generation von Wissenschaftlern im Verlauf dieses Paradigmenstreits von einer neuen Generation abgelöst wird, die dieses neue Paradigma gegen alle Widerstände von Seiten seiner Vertreter dann gewissermaßen über einen biologischen Prozess durchsetzt.[64] Auch wenn man die irrationalistischen Tendenzen der Kuhn'schen Wissenschaftstheorie zurückweist[65], so bleibt doch ein ernstzunehmender Kern. Dieser besteht darin, dass sich normale Wissenschaft nicht voraussetzungsfrei, sondern im Rahmen bestimmter etablierter Paradigmen entwickelt und dass die Revolution, die fundamentale Innovation der Sonderfall bleiben muss, weil ansonsten ein methodisch gesteuertes Fortschreiten der Wissenschaft nicht möglich wäre.

Ich möchte dieses Bild mit ein wenig Sprachphilosophie anreichern. Spätestens seit Ludwig Wittgensteins *Philosophischen Untersuchungen* (1953) ist uns die Regelgeleitetheit der Sprachpraxis bewusst. Die einzelnen Ausdrücke erhalten ihre Bedeutung durch diese Regelkonformität ihres

---

64 Thomas S. Kuhn, *The Structure of Scientific Revolutions*, Chicago (1962).

65 Wie mein Doktorvater Wolfgang Stegmüller in *Probleme und Resultate der Wissenschaftstheorie und analytischen Philosophie*, Band II (Theorie und Erfahrung), Berlin (1974).

Gebrauchs, und das gilt ganz unabhängig davon, ob diese Regeln den Sprachnutzern selbst bewusst sind oder nicht. Normalerweise sind uns diese Regeln nicht bewusst, sie explizit zu machen ist äußerst schwierig. Ja, in vielen Fällen ist die von den Sprachbenutzern befolgte Regel gar nicht mit letzter Sicherheit zu formulieren, da diese Regeln durch den jeweiligen Gebrauch nicht eindeutig fixiert sind.[66] Nicht nur sprachliche, auch handwerkliche Tätigkeiten sind regelgeleitet, und diese Regeln werden nicht (oder nur in seltenen Ausnahmefällen) explizit verbal formuliert, sondern eher durch Vorbild und Nachahmung erlernt. In vielen Fällen schließt es sich auch definitiv aus, eine solche Regel explizit zu machen. Das ist wohlgemerkt keine Besonderheit handwerklicher, technischer oder sozialer Aktivitäten, vielmehr gilt dies auch für das Erlernen einer Sprache. Jedenfalls als Muttersprachler erlernen wir keine grammatischen Regeln, sondern eignen uns den korrekten Gebrauch der Sprache durch Nachahmung und Korrektur an. Die Kenntnis grammatischer Regeln kommt für Muttersprachler immer ex post, das heißt, nachdem sie diese Regeln schon beherrschen. Typischerweise sind Muttersprachler in der Angabe der Regeln, denen ihr Sprachgebrauch folgt, weniger kompetent als diejenigen, die die betreffende Sprache erst im Erwachsenenalter erlernt haben.

---

66 Vgl. Saul Kripke, *Wittgenstein über Regeln und Privatsprache. Eine elementare Darstellung,* Frankfurt a. M. (1987); Wolfgang Stegmüller, *Kripkes Deutung der Spätphilosophie Wittgensteins. Kommentarversuch über einen versuchten Kommentar*, Stuttgart (1986).

Diese sprach- bzw. bedeutungsphilosophische Zwischen-
betrachtung wirft ein Schlaglicht auf die einseitige Ausrichtung der zeitgenössischen schulischen Bildung. Sie beruht
weithin auf einem lingualistischen Programm, wonach Wissen sprachlich verfasst ist, also über sprachliche Verständigung weitergegeben und erworben wird. Das nicht weniger
anspruchsvolle – oftmals sogar weit komplexere – praktische
Wissen um die richtige Form einer ästhetischen, technischen oder sozialen Aktivität gilt demgegenüber weithin als
zweitrangig. Musische und handwerkliche Bildungsinhalte
und erst recht soziale Erfahrungen spielen in den Schulen allenfalls eine randständige Rolle. Die Kreativitäts- und Innovationspotenziale dieser Aktivitäten werden dementsprechend
wenig gefördert. Doch erst das weitgehend nichtsprachliche
Erfassen regelgeleiteter ästhetischer, technischer oder sozialer Aktivität ermöglicht auf diesem Feld auch ihre eigenständige Konzeption, Durchführung und vor allem ihre kreative
Fortentwicklung und in Einzelfällen auch Revolutionierung.
Regeln sichern Nachvollziehbarkeit, Kooperation und Verständlichkeit einer Aktivität. Innovationen sind nur auf der
Basis eines gemeinsamen Regelverständnisses möglich. Auch
der systematische Bruch etablierter Regeln ist nur möglich,
wenn die Erlernung dieser Regeln dem vorausgegangen ist.
Die Innovationseuphoriker wollen alles zu jedem Zeitpunkt
und dauernd einem kreativen Prozess permanenter Veränderung unterwerfen. Dabei übersehen sie, dass verlässliche
Kooperation sowie die Kohärenz einer gemeinsamen beruflichen Aktivität ohne ein gewisses Maß an Regeltreue nicht
möglich ist. Auch hier geht es um eine gute Balance.

Der beruflichen Bildung wurde über viele Jahre unterstellt, dass ihre Ausbildungssysteme allzu starr seien, dass die Nachahmung der einmal etablierten berufskonstituierenden Regeln und Normen einer modernen Innovationskultur im Wege stehe, dass lediglich der akademisch Gebildete die notwendige Flexibilität und Unabhängigkeit aufbringe, um diesen Prozess der permanenten Innovation zu realisieren. Dies halte ich für einen großen Irrtum. Gerade wer die manchmal monotone Regelhaftigkeit einer Praxis verinnerlicht hat, kann sich dann als Reformer und kreativer Fortentwickler erweisen. Die Wiederholung von Tätigkeitsmustern, das Erlernen durch kontinuierliche Vertiefung kommt ohnehin im Bildungssystem als Ganzem zu kurz. Die Folge sind verwirrte Kinder und Jugendliche, die die einzelnen Teile ihres Wissens nicht mehr zusammenbringen; die das Erlernte rasch vergessen, die am Ende selbst an den Kulturtechniken verzweifeln. Rechtschreib-, Grammatik- und Ausdrucksfehler haben in den vergangenen Jahren und Jahrzehnten dramatisch zugenommen. Man kann dies als eine wünschenswerte Abkehr von konventionellen, regelgeleiteten Zivilisationstechniken interpretieren oder als einen Beitrag zu kultureller Desintegration und Orientierungslosigkeit.

Das Idealbild des freien Künstlers, das ich schon von meiner familiären Herkunft her schätze, hat als Vorbild für Generationen von Jugendlichen seine Schattenseiten. Gute Künstler sind immer auch zugleich Handwerker, sie kennen die Regeln handwerklicher und technischer Perfektion und realisieren ihre Freiheit auf der Basis dieser Kenntnisse. Permanentes Amateurtum, das kreative Sichausprobieren in diesem und jenem, ohne je die Tiefe professioneller Kunst zu erreichen, stellt keinen kulturellen Fortschritt dar. Das offenbar für viele Jugendliche so attraktive Berufsbild des aus dem Schaum der Kreativität geborenen erfolgreichen Pop-Künstlers oder des erfolgreichen Modells qua Ausstrahlung und natürlicher Schönheit ist auch Ausdruck der Sehnsucht, den Mühen der Ebene, dem schrittweisen Erlernen regelgeleiteter Aktivitäten, der handwerklichen und technischen Sorgfalt, dem grammatisch korrekten Ausdruck in geschriebener und gesprochener Sprache, zu entkommen. Die überkommenen Ausbildungsmuster der Berufsbildung sollten sich ihrer Regelgeleitetheit und der Überlieferungspraxis der schrittweisen Aneignung professioneller Standards nicht schämen. Dies jedenfalls macht die berufliche Bildung nicht zum Auslaufmodell, das durch lockere Bachelorstudiengänge nach US-amerikanischem Muster, die dieses und jenes je nach Interessenlage der Studierenden vermitteln, ersetzt werden müsste. Die Botschaft muss gerade die entgegengesetzte sein: Auf allen Ebenen des Bildungssystems ist die regelgeleitete, nachvollziehbare, Kohärenz und Verständlichkeit sichernde Aktivität unverzichtbar. Das gilt vom Friseurhandwerk über die Altenpflege und Mechatronik bis hin zur Kunstgeschichte, Gentechnik und auch für die Philosophie.

Kapitel X

Deutsche Bedingungen

Das duale System in Deutschland ist hochgradig und unübersichtlich reglementiert. Die Zuständigkeiten der Industrie- und Handelskammern bzw. Handwerkskammern und die der einzelnen Bundesländer für das Berufsschulwesen haben eine Vielzahl unterschiedlicher Ausformungen beruflicher Bildung in Deutschland geschaffen, die in ihrer Komplexität kaum noch überschaubar ist: In manchen Ländern gibt es Fachoberschulen, in anderen nicht; eine abgeschlossene Berufsausbildung wird in manchen Ländern verlangt, in anderen ausgeschlossen; manche Fachoberschulen vermitteln eine Hochschulzugangsberechtigung, andere nicht, usw. Dennoch werde ich hier nicht für eine generelle und umfassende Angleichung plädieren, da es sich hier um gewachsene Strukturen handelt, die auf spezifische Bedingungen in unterschiedlicher Weise reagieren. So wie die allgemeine Homogenisierung der akademischen Bildung neben einer höheren Übersichtlichkeit auch einen Verlust an Bildungssubstanz mit sich brachte, so ist zu befürchten, dass auch für die nichtakademische Berufsbildung nationale oder gar internationale Normierungen mehr Schaden als Nutzen stiften würden. Schon die Abschaffung des Meisterprivilegs wurde mit dem Homogenisierungsbedarf des europäischen Marktes begründet und hatte in Deutschland fast ausschließlich negative Effekte.

Zu den spezifisch deutschen Bedingungen gehört nicht nur die Kulturhoheit der Länder und die damit einhergehende Regelungsvielfalt, sondern auch der hohe Anteil mittelständischer Unternehmen nicht nur auf den regionalen Märkten, sondern auch im Exportbereich. Diese mittelständische Struktur der deutschen Wirtschaft hat nicht nur zur Stabilisierung der ökonomischen Verhältnisse in Deutschland während der Weltwirtschaftskrise ab 2007 beigetragen[67], sondern sichert auch einen Großteil der beruflichen Bildung. So steigt die Ausbildungsbetriebsquote für mittlere Unternehmen (von 50 bis 249 Beschäftigte) von 1999 bis 2007 kontinuierlich[68]. Allerdings gibt es erneut einen bedrohlichen Trend zum Ausstieg der Unternehmen aus dem dualen System, der sich in einem fallenden Ausbildungsstel-

---

67 Hermann Simon zeigt in *Hidden Champions – Aufbruch nach Globalia: Die Erfolgsstrategien unbekannter Weltmarktführer,* Frankfurt a. M. (2012), dass selbst in den vergangenen zehn Jahren die Beschäftigtenzahlen zugenommen haben. Simon untersucht hier Unternehmen, die bis zu 3000 Mitarbeiter beschäftigen.

68 Die Ausbildungsbetriebsquote gibt den prozentualen Anteil der Ausbildungsbetriebe an allen Betrieben an. Siehe *Betriebsstatistik der Beschäftigtenstatistik* der Bundesagentur für Arbeit, Tabelle A5.9.1-3 Ausbildungsbetriebsquote nach Betriebsgrößenklassen im Bundesgebiet zwischen 1999 und 2007.

lenangebot seit 2007 äußert.[69] Zahlreiche, auch große Unternehmen verabschieden sich ganz aus der beruflichen Bildung: Die Ausbildungsbetriebsquote für Großunternehmen (ab 250 und mehr Beschäftigte) ist seit 1999 rückläufig. Mitte der 1980er Jahre bildete in Deutschland noch jeder dritte Betrieb aus, während dies heute nur noch jeder fünfte tut:[70] Auch der Berufsbildungsbericht 2014 attestiert, dass zwar seit 2009 die Gesamtbetriebszahl weiterhin angestiegen, die Zahl der Ausbildungsbetriebe jedoch rückläufig sei. Im Jahr 2013 wurden 530 700 neue Ausbildungsverträge abgeschlossen, dies ist ein Minus von 3,7 % zum Vorjahr und seit 2005 der niedrigste Wert überhaupt.[71] Hält dieser Trend weiter an, dann lässt sich die berufliche Bildung nur noch mit einem Systemwechsel zu beruflichen Vollzeitschulen retten, das muss der Unternehmerschaft in Deutschland klarwerden. Die Gewerkschaften fordern seit langem den Ausbau beruflicher Vollzeitschulen, während die Unternehmerschaft schulischen Berufsbildungsgängen mit Berufsabschluss kritisch gegenübersteht. Die Arbeitgeberseite befürchtet einen Verlust der eigentlichen Stärke der nichtakademischen Berufsbildung in Deutschland, nämlich ihres engen Praxisbezuges über die Integration in die Betriebsabläufe. Gerade diese

---

69 Siehe z. B. *Bildung in Deutschland 2014*, a.a.O., S. 101.

70 So Sybille Bauer (IHK München) in der *Süddeutschen Zeitung* (15. Mai 2013): »Nur noch jeder fünfte Betrieb bildet aus«, http://www.sueddeutsche.de/karriere/berufsbildungsbericht-nur-noch-jeder-fuenfte-betrieb-bildet-aus-1.1672930 (zuletzt aufgerufen am 29.05.2013).

71 Bundesministerium für Bildung und Forschung (Hrsg.), *Berufsbildungsbericht 2014*, S. 6.

Ausrichtung auf einzelbetriebliche Interessenlagen wird von den Gewerkschaften kritisch gesehen, da mit ihr eine Einschränkung der Verwertbarkeit dieser Berufsqualifikation auf dem Arbeitsmarkt verbunden sei. Da Arbeitgeber- und Arbeitnehmerseite sowie die Bildungspolitik zusammenwirken müssen, um das duale System fortzuentwickeln, droht an dieser Stelle schon seit vielen Jahren eine krisenhafte Zuspitzung. Leicht entspannt hat sich die Lage zwar durch den demografischen Wandel und durch die zunehmende Akademisierung eines Jahrgangs, dennoch übersteigt die Nachfrage nach Ausbildungsplätzen das Angebot der Firmen nach wie vor.[72]

Ein Blick auf die aktuellen Daten und Trends macht deutlich, dass von allen drei beteiligten Seiten eine große Kraftanstrengung nötig ist, um das duale System zukunftsfest zu machen. Dazu scheint mir Folgendes erforderlich zu sein:

1. Der Trend hin zu einer zunehmenden Ausbildungsabstinenz der Unternehmen darf nicht anhalten. Diesem Trend dadurch entgegenzuwirken, dass die Anforderungen an die Ausbildungsqualität in den Unternehmen abgesenkt wird, also auch hier eine Art Anpassung an internationale »Standards« erfolgt, kann keine Option

---

72 Siehe z. B. *Bildung in Deutschland 2014*, a.a.O., S. 103: »Nach dem gegenwärtigen Stand des Wissens scheinen Fachkräfteengpässe eher von der Angebots- als von der Nachfrageseite verursacht zu sein, was mit Blick auf die demografische Entwicklung auf eine wenig zukunftsorientierte Ausbildungspolitik der Unternehmen hinzuweisen scheint.«

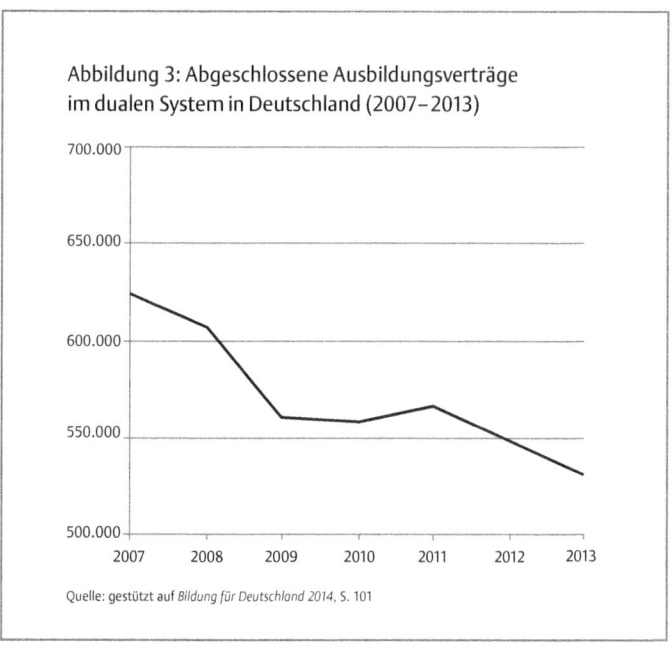

Abbildung 3: Abgeschlossene Ausbildungsverträge im dualen System in Deutschland (2007–2013)

Quelle: gestützt auf *Bildung für Deutschland 2014*, S. 101

sein. Ein effektives Mittel wäre vielmehr die seit langem diskutierte und nie realisierte Ausbildungsplatzumlage, das heißt ein System des Lastenausgleichs zwischen denjenigen Unternehmen, die sich an der beruflichen Bildung beteiligen, und jenen, die das nicht tun und damit von Ersteren profitieren. Um es präziser zu formulieren: Bildung generell und berufliche Bildung im Speziellen ist ein öffentliches Gut, an dem wir gemeinsam ein Interesse haben: Auszubildende, Unternehmen, der Sozialstaat und die Gesellschaft als Ganze. Bei öffentlichen Gütern besteht generell das Problem, dass ihre Bereitstellung durch je individuelle Optimierung nicht gewährleistet werden kann. Alle Kundigen wissen, dass wir mehr in die berufliche Bildung investieren müssen, wenn das duale System als eine Stärke des deutschen Bildungswesens erhalten und ausgebaut werden soll. Das »wir« ist umfassend gemeint: Staat (die Bildungspolitik der Länder), Arbeitgeber und Arbeitnehmer zusammenwirkend in den Kammern, Berufsschulen und ausbildende Betriebe. Wenn alle vom Ausbildungsniveau der nichtakademischen beruflichen Bildung profitieren, aber nur einige dafür zahlen, tritt ein, was im Mittelalter als »Tragödie der Allmende« bekannt war: Die öffentlichen Flächen werden überweidet – übertragen auf die berufliche Bildung: Immer weniger setzen sich für dieses öffentliche Gut ein, die Ausdünnung führt zu einer Abwanderung. Die Anpassung der deutschen beruflichen Bildung an internationale Standards und der damit einhergehende Qualitätsverlust beschädigen am Ende die ökonomischen und sozialen Rahmenbedingungen dieses Landes empfindlich. Abgesehen vom Lobbyismus der nichtausbildenden Betriebe spricht daher nichts gegen einen fairen und moderaten Lastenausgleich zwischen denjenigen Unternehmen, die in die berufliche Bildung investieren, und solchen, die von dieser Investition profitieren.

2. Es scheint mir in jedem Falle erforderlich zu sein, die Berufsschulen im dualen System zu stärken. Nicht als Kontrapunkt zur Ausbildung im Betrieb, nicht etwa deswegen, weil ich die Praxisorientierung kritisch sehen würde, sondern vielmehr deswegen, weil die hohe Dy-

namik auch des nichtakademischen Arbeitsmarktes und die rasche technologische und kulturelle Entwicklung den schulischen, den umfassender bildenden und theorieorientierteren Teil der dualen Berufsbildung aufwerten. Es ist auch im Interesse der ausbildenden Betriebe, dass die Ausgebildeten über das notwendige theoretische Handwerkszeug verfügen, um flexibel auf neue Herausforderungen reagieren zu können. Die verbreitete Haltung »Das bringt uns jetzt aber nichts für die betriebliche Ausbildung!« gegenüber den Bildungsinhalten an Berufsschulen sollte einer komplementären Einstellung weichen, wonach beide Säulen des dualen Systems sich gerade in ihrer Unterschiedlichkeit sinnvoll ergänzen. Die eine ist nicht eine Stütze der anderen, sondern zusammen tragen sie die nichtakademische berufliche Bildung.

3. Sollte sich allerdings der Trend zum Ausstieg der Unternehmen aus der betrieblichen Ausbildung nicht umkehren lassen, führt an beruflichen Vollzeitschulen kein Weg vorbei, mit allen Problemen, wie sie von US-amerikanischen Community Colleges bekannt sind: Zum Beispiel lässt sich die technologische Entwicklung im Betrieb nicht nur praxisnäher, sondern auch moderner erfahren als in Schulen, deren technische Ausstattung schon aus Finanzierungsgründen weit hinter der aktuellen Entwicklung herhinken würde. Durch Praktika und Exkursionen mag man diese Problematik lindern, beheben lassen wird sie sich so aber nicht. Allen muss

klar sein, dass dieses erfolgreiche Element des Korpo-
ratismus, also das Zusammenwirken von Arbeitgeber-
und Arbeitnehmerseite in den Kammern und die damit
verbundene Möglichkeit der direkten Einflussnahme
auf Ausbildungsinhalte seitens der Betriebe, damit der
Vergangenheit angehören würde. Die Inhalte der nichtakademischen Berufsbildung würden dann durch die Bil-
dungsministerien der Länder vollständig organisiert und
verantwortet werden. Die Betriebe würden an eigener
Gestaltungsmöglichkeit im deutschen Bildungssystem
verlieren. Wünschenswert ist das jedenfalls dann nicht,
wenn diese Steuerungsmöglichkeit verantwortlich – und
das heißt eben nicht lediglich auf betriebliche Interessen
hin – wahrgenommen wird.

Der deutliche Zuwachs der Berufsfachschulen (die Zahl der
Schülerinnen und Schüler hat sich seit Beginn 1990er Jahre
bis heute in etwa verdreifacht) spricht eine klare Sprache.[73]
Allerdings ist die Schülerzahl seit 2007/08 rückläufig.[74] Doch
die Frage bleibt unbeantwortet, ob die Tendenz der rückläu-
figen Schülerzahlen mit einem Trend zur Höherqualifizie-
rung einhergeht (z. B. an Beruflichen Gymnasien, Fachober-

---

73 Vgl. Bundesinstitut für Berufsbildung (BIBB), *Datenreport zum Berufsbildungsbericht 2009*: http://datenreport.bibb.de/html/131.htm
(zuletzt aufgerufen am 07.07.2014).

74 Maria Zöller/Stephan Kroll, »Bildungsgänge an beruflichen Vollzeitschulen«, in: *Wissenschaftliche Diskussionspapiere*, Heft 139, BIBB
(2013).

schulen etc.)[75]. Je nach länderspezifischer Regelung haben die Berufsfachschulen auch eine Art Scharnierfunktion, da sie erlauben, schulische Abschlüsse bis zur Hochschulreife zu realisieren. Diese Funktion ist für die Durchlässigkeit und Korrekturmöglichkeit eingeschlagener Bildungswege wichtig. Dennoch sollten die Berufsfachschulen nicht zum Substitut des dualen Systems werden, vorausgesetzt die Betriebe nehmen ihre Verantwortung für die nichtakademische Berufsbildung ausreichend wahr.

Als Krisenbewältigungsstrategie wurde nicht nur für die akademische, sondern auch für die berufliche Bildung immer wieder das Konzept einer umfassenden Modularisierung erörtert. Zunächst sind die Vorteile modularisierter Bildungswege bestechend: Die Zerlegung eines Bildungsweges in einzelne, didaktisch selbstständige kleine Ausbildungsbestandteile ermöglicht eine große Vielfalt an Kombinationsmöglichkeiten. Polyvalente Module sind in unterschiedlichen Ausbildungswegen anrechenbar, Basismodule für verschiedene Ausbildungswege jeweils verpflichtend, Wahlmodule dagegen frei wählbar. Den spezifischen Interessen des Auszubildenden bzw. auch des Betriebes kann so jeweils Rechnung getragen werden. Da international modularisierte Ausbildungs- und Bildungsgänge dominieren, werden stärker reglementierte, eben nichtmodularisierte Bildungswege international benachteiligt. Dafür spricht schon die Einstufung der Ausbildungsabschlüsse des dualen deutschen Systems in der Klassifikation der EU. Gegen eine zu weit gehen-

---

75 Ebd., S. 23.

de Modularisierung sprechen jedoch gravierende Einwände: Zum einen droht eine Vervielfältigung von Ausbildungswegen nicht nur in quantitativer, sondern auch in qualitativer Hinsicht. Am Ende gibt es Tausende von Modulen in unterschiedlichen Berufsfeldern, die in ihren wechselseitigen Kombinationsmöglichkeiten völlig unübersichtlich werden und sowohl für die Auszubildenden als auch für die nachfragenden Betriebe ein hohes Maß an Intransparenz schaffen. Zudem führt eine weitgehende Modularisierung nicht nur zur gewünschten Wahlfreiheit, sondern auch zu einer verstärkten Dominanz betrieblicher Interessen, die dann eben jeweils diejenigen Module anbieten, die sich am besten in den Betriebsablauf integrieren lassen. Die Verantwortung für die Stimmigkeit des beruflichen Bildungsweges wird dagegen atomisiert.

Was noch vor wenigen Jahren als altmodisch und rückständig galt, wird nun international zunehmend kopiert, nämlich die in vergleichsweise starren Ausbildungsordnungen festgelegten nichtakademischen Bildungswege im dualen System Deutschlands. Die auffällig niedrigere Jugendarbeitslosigkeit in denjenigen Ländern, die das duale System mit seinen zahlreichen (349[76]), aber noch überschaubaren Berufsbildungswegen erhalten haben, scheinen sowohl den vollqualifizierenden Berufsschulangeboten (in den USA in der Regel Community Colleges) als auch den modularisier-

---

76 Vgl. BIBB: Anzahl der Ausbildungsberufe (Stand 2008): http://datenreport.bibb.de/html/161.htm#schau_a5_1_1-2 (zuletzt aufgerufen am 07.07.2014).

ten, hochflexiblen und unübersichtlichen Angeboten etwa der Niederlande oder Großbritanniens überlegen zu sein. Großbritannien weist bei vergleichbaren Bedingungen heute eine doppelt so hohe Jugendarbeitslosigkeit auf wie Deutschland.

Kapitel XI

Quantitäten

Der quantitative Bedarf an Auszubildenden für nichtakademische Berufe (Facharbeiterberufe) im handwerklichen,
technischen, kaufmännischen und sozialen Bereich lässt
sich aus einer ganzen Reihe von Gründen schwer abschätzen. Einer davon ist die Dynamik des Arbeitsmarktes, die
immer wieder Überraschungen bereithält. So war es noch
in den späten 1990er Jahren eine verbreitete und in der
Politik weithin akzeptierte Überzeugung, dass das verarbeitende Gewerbe in allen westlichen Industrieländern an
grassierender Schwindsucht leide und in Länder mit niedri-
geren Löhnen, aber hinreichendem Fachkräfteangebot aus-
wandere, also nach Süd- und Ostasien oder – als Folge des
Falls des Eisernen Vorhangs – vor allem auch in die östlichen
Nachbarländer Deutschlands. Ganze Branchen, wie zum Beispiel die Werftindustrie, waren schon aufgegeben worden.
Es wurde prognostiziert, dass sich Deutschland zu einer
Blaupausen-Produktionsstätte wandeln werde, während die
konkrete Verarbeitung und Fertigstellung dann nicht mehr
in Deutschland stattfinden werde. Tatsächlich hat es immer

wieder teilweise dramatische Standortverschiebungen gegeben. Die vielleicht bitterste ist der Verlust an Hightech-Kompetenz Deutschlands und fast Gesamteuropas in der IT-Branche. Letztere sorgt weltweit für Umsätze in Milliardenhöhe, doch Deutschland steht – mit Ausnahme von SAP und der Software AG – weder für eine starke Soft- noch Hardware-Industrie.

Während dieser Zug bis auf weiteres abgefahren zu sein scheint, haben sich die Erwartungen im Maschinenbau und der Elektrotechnik, um zwei Beispiele zu nennen, als völlig unzutreffend herausgestellt: Zu den umsatzstärksten Branchen in Deutschland zählen 2014 die Automobil- und Maschinenbauindustrie sowie die Elektrotechnik und die Metallverarbeitung.[77] Deutschland ist weltweit der führende Exporteur im Maschinenbau und profitiert von der nacholenden Industrialisierung vor allem in China, zunehmend aber auch in Indien und auf dem afrikanischen Kontinent. So verfügte Deutschland im Jahr 2012 über einen Anteil in Höhe von 16,1 % an den gesamten Maschinenexporten, gefolgt von den USA mit 12,1 %.[78] Auch 2014 bleibt Deutschland Export-Weltmeister im Maschinenbau mit einem Volumen von 149,4 Milliarden Euro, gefolgt von China, den USA und

---

77 Vgl. *ifo Branchendialog 2013*: http://www.cesifo-group.de/de/ifoHome/events/conference-series/Branchen-Dialog.html (zuletzt aufgerufen am 09.06.2014).

78 Siehe *Nationale Statistische Ämter, eigene Berechnungen der VDMA*: http://www.produktion.de/unternehmen-maerkte/maschinenbau/deutschland-bleibt-exportweltmeister-im-maschinenbau/ (zuletzt aufgerufen am 09.06.2014).

Japan.[79] Von einer reinen Blaupausen-Produktion kann daher keine Rede sein: Die Maschinen werden in Deutschland nicht nur entworfen, sondern auch hergestellt, verpackt und versandt. Die alberne Diskussion um eine vermeintliche »Basar-Ökonomie« Deutschlands, die in den schwierigsten Jahren der Republik nach der deutsch-deutschen Vereinigung die auch damals noch guten Exportergebnisse aus vordergründigen politischen Motiven abwerten wollte, nimmt heute niemand mehr ernst. Diese arbeitsteilige Produktionsmethode wird weltweit praktiziert und ist kein Spezifikum der deutschen Wirtschaft. Vielmehr ist das verarbeitende Gewerbe in Deutschland weit stärker vertreten als in den meisten anderen westlichen Industrieländern. Immerhin liegt sein Anteil in Deutschland an der Bruttowertschöpfung auch 2012 bei 22,4 %. Nur Südkorea weist mit 31,1 % einen höheren Anteil auf, während der EU-27-Durchschnitt bei 15,3 % liegt, wobei Frankreich und Großbritannien bei 10 % und 10,7 % sogar jeweils unter dem EU-Durchschnitt liegen.[80] Gerade in diesem Bereich ist der Bedarf an technischen und kaufmännischen Fachkräften mit einer gediegenen Berufsausbildung hoch, da das deutsche verarbeitende Gewerbe, aber auch der Dienstleistungssektor auf die Produktion hochwertiger Qualitätsprodukte spezialisiert ist.[81] Diese Tätigkeiten kön-

---

79 Siehe http://www.vdma.org (zuletzt aufgerufen am 09.06.2014).

80 Quelle: *OECD StatExtracts* (Stand 06/2012).

81 Vgl. Gerhard Bosch u. a., »Qualifikationsanforderungen an Arbeitnehmer – flexibel und zukunftsgerecht«, in: *Wissenschaftsdienst 2011*, Sonderheft; Hermann Simon: *Hidden Champions – Aufbruch*

nen nur zum Teil von Universitätsabsolventen übernommen werden. Diese sind in weiten Bereichen deutlich schlechter qualifiziert als ihre nichtakademischen Konkurrenten.[82] Dennoch findet ein Verdrängungswettbewerb auch dort zunehmend statt, das heißt, Diplomingenieure, die an einer technischen Universität studiert haben, übernehmen Aufgaben, für die zuvor ein Fachhochschulstudium oder eine technische Berufsausbildung ausreichte. Christina Boll und Julian Leppin kommen in ihrer Studie über die unterwertige Beschäftigung von Akademikern zu dem Ergebnis, dass im Jahr 2010 ein Drittel aller erwerbstätigen Akademiker, gemessen am mittleren Bildungsniveau der Vergleichsgruppe, unterwertig beschäftigt waren.[83] Auch der DGB weist aus, dass sich die Chance für Akademiker verschlechtert hat, eine Beschäftigung zu finden, die ihrem Qualifikationsniveau entspricht:[84] Die Korrespondenz zwischen Beruf und Ausbildung nimmt folglich ab. Nach wie vor liegt der Anteil

---

nach Globalia: Die Erfolgsstrategien unbekannter Weltmarktführer, Frankfurt a. M. (2012).

82 So auch Gerhard Bosch, der in seiner Studie aufführt, dass »die starke Zunahme der Nachfrage nach deutschen Industriegütern im Konjunkturaufschwung 2005–2008 zu einem Fachkräftemangel |führte|.« (Gerhard Bosch u. a., »Qualifikationsanforderungen an Arbeitnehmer – flexibel und zukunftsgerecht«, in: *Wissenschaftsdienst 2011*, Sonderheft, S. 28).

83 Vgl. Christina Boll / Julian Leppin, *Unterwertige Beschäftigung von Akademikerinnen und Akademikern – Umfang, Ursachen, Einkommenseffekte und Beitrag zur geschlechtsspezifischen Lohnlücke.* Eine Studie im Auftrag des Bundesministeriums für Familie, Senioren, Frauen und Jugend, Hamburgisches WeltWirtschaftsInstitut (2013), S. 93.

84 DGB, »Unterwertige Beschäftigung – Beleuchtung eines am Ar-

der Beschäftigungsverhältnisse mit hochqualifizierten Tätigkeiten in den OECD-Ländern bei maximal 15 bis 25 %.[85] Die Frage, inwiefern Bachelorabsolventen Fachkräfte der dualen Ausbildung substituieren können oder ob sich die Arbeitsmärkte komplementär entwickeln, wird kontrovers diskutiert. Ingrid Drexel sieht einen Aufstiegsverlust für Absolventen des dualen Systems und dass Betriebe mittlere Führungspositionen eher mit Akademikern besetzen werden.[86] Peter Bott und Tom Wünsche analysieren die beiden unabhängig voneinander durchgeführten BIBB-Untersuchungen PEREK[87] und BA/Dual[88] und kommen zu dem Fazit, dass beide Qualifikationsgruppen von den Betrieben nachgefragt werden.[89] Sirikit Krone und Ulrich Mill können auch keine

---

beitsmarkt vernachlässigten Problems«, in: *arbeitsmarktaktuell,* Nr. 2 (2014).

85 Vgl. Gerhard Bosch, »Facharbeit, Berufe und berufliche Arbeitsmärkte« in: *WSI Mitteilungen,* Nr. 1 (2014), S. 11.

86 Vgl. Ingrid Drexel, »Gesellschaftliche und politische Folgen von Akademisierung«, in: Eva Kuda u.a. (Hrsg.): *Akademisierung der Arbeitswelt – Zur Zukunft der beruflichen Bildung,* Hamburg (2012), S. 36–51.

87 PEREK befragt Betriebe, wie diese ihren Qualifikationsbedarf in wachsenden Beschäftigungsfeldern decken werden: www.bibb.de/de/wlk30785.htm (zuletzt aufgerufen am 07.07.2014).

88 BA/Dual soll den Verdrängungseffekt in der Besetzung mittlerer Fach- und Führungskräfteebenen zwischen dual ausgebildeten Fachkräften und Bachelorabsolventen erfassen.

89 Peter Bott/Tom Wünsche, »Verdrängung oder Komplementarität? Rekrutierungsstrategien von Betrieben bei Positionen für gehobene Fachkräfte«, in: Eckart Severing/Reinhold Weiß (Hrsg.), *Weiterentwicklung von Berufen – Herausforderungen für die Berufsbildungsforschung,* Bielefeld (2014), S. 229–242.

Verdrängung von Facharbeitern durch Absolventen ausbildungsintegrierter Studiengänge erkennen.[90] Allerdings gibt es keine Verbleibanalysen der Absolventen, und auch sind die Bachelorabsolventen ein zu junges Phänomen, um hier verlässliche Aussagen fällen zu können.

Meine Einschätzung ist, dass die Substitution von Facharbeitern durch Bachelorabsolventen für die meisten Berufsfelder mit Qualifikationsverlusten verbunden wäre und als generelle Perspektive abwegig ist. Die Beliebtheit der Substitutionsthese verdankt sich der Tatsache, dass sie die massiven Verschiebungen auf dem Arbeitsmarkt infolge des Akademisierungswahns kaschiert.

Die Ursachen für dieses Phänomen liegen auch in der gewachsenen beruflichen Mobilität der Arbeitskräfte. Sowohl individuelle Änderungen von Berufswünschen im Laufe eines Lebens als auch sich beständig verändernde Anforderungen führen zu beruflichen Neuorientierungen oder Anpassungen, die die enge Korrelation zwischen beruflicher Ausbildung und Berufswahl mindern. Von daher sollte man mit diesem Phänomen, das in Deutschland bei weitem noch nicht so ausgeprägt ist wie in den angelsächsischen Ländern, grundsätzlich entspannt umgehen. Diese Entwicklung darf aber nicht dadurch verschärft werden, dass ein massives Überangebot akademischer Arbeitskräfte die für den betreffenden Beruf eigentlich Ausgebildeten verdrängt, ihnen Entwicklungs- und Einkommenschancen nimmt, während

---

90 Sirikit Krone/Ulrich Mill, »Das ausbildungsintegrierende duale Studium«, in: *WSI Mitteilungen* (2014).

diese beruflichen Tätigkeiten von den akademisch Ausgebildeten als Notlösung empfunden werden. Die Tatsache, dass die Kompetenzen der akademisch Ausgebildeten für die entsprechende Berufstätigkeit oft weniger passend sind als die der nichtakademischen Fachkräfte, ändert nichts daran, dass sie in der Konkurrenz häufig die besseren Karten haben. Dies hängt mit dem zusammen, was in der Bildungsforschung als *Signaling-Effekt* bezeichnet wird, das heißt die Auswahl von Arbeitskräften nach Indikatoren, die ihre Intelligenz, geistige Beweglichkeit, ihre Bereitschaft zu überdurchschnittlichem Engagement etc. anzeigen, während die spezifischen Kompetenzanforderungen des betreffenden Arbeitsplatzes als Auswahlkriterium an Gewicht einbüßen. Solange das Bildungssystem in erster Linie als eine Selektionsmaschine verstanden wird, in der die Erfolgreicheren länger verbleiben und in die »höheren« Sektoren aufsteigen, führt dieser *Signaling-Effekt* zu wenig effektiven, in vielen Fällen zu ökonomisch unsinnigen Korrespondenzen zwischen beruflicher Qualifikation und eingenommener Position. Umso mehr sich die Quantitäten in den verschiedenen Stufen der beruflichen Qualifikation nach oben verschieben, ohne dass dies mit einer entsprechenden Verschiebung des Kompetenzprofils einhergeht, desto größer ist diese ökonomische Ineffizienz des Bildungssystems. Wohlgemerkt, für mich ist die ökonomische Effizienz nur eine von zahlreichen inhaltlichen Kriterien zur Bewertung eines Bildungssystems, aber völlig vernachlässigbar ist sie angesichts der großen Summen, die aus Steuermitteln aufgebracht werden, nicht (bei den öffentlichen Ausgaben für Bildung von 11 % bezüglich der öffentlichen Gesamtausgaben liegt Deutschland leicht unterhalb des EU-21-Durchschnitts von 11,4 %).[91] Der Anteil des BIP, der in Deutschland für Bildung aufgewendet wird, ist heute deutlich niedriger als in den Jahren der Bildungsexpansion, rund 30 Mrd. Euro beträgt diese Differenz pro Jahr im Vergleich zu den späten 1970er Jahren. Auch die Selektivität des Bildungssystems ist heute, trotz massiv ausgeweitetem tertiärem Sektor, höher als damals.

Eine Studie des Bundesinstituts für Berufsbildung (BIBB) hat den Arbeitskräftebedarf für die zwei Dekaden zwischen 2010 und 2030 abzuschätzen versucht und ist zu dem Ergebnis gekommen, dass es in dieser Zeit trotz eines deutlichen demografischen Schwundes von insgesamt rund 4 Millionen Erwerbspersonen per saldo ein Plus an akademischen Arbeitskräften von über eineinhalb Millionen (1,7 Mio.) geben wird, dass also über eineinhalb Millionen Personen weniger aus dem Erwerbsleben ausscheiden, als aus den Hochschulen hinzukommen.[92] Gerade umgekehrt verhält es sich im

---

91 Im internationalen Vergleich (2010) reicht der Prozentsatz der öffentlichen Bildungsausgaben bezüglich der öffentlichen Gesamtausgaben von 16 % in der Schweiz über 13 % in den USA, 12 % in Großbritannien und Finnland, 11 % in Deutschland, Österreich und Spanien bis zu 9 % in Italien (siehe OECD, *Education at a Glance 2013*). Im Fall von Deutschland entsprach das rund 106 Mrd. Euro (mittlerweile – 2013 – liegt der Wert bei ca. 117 Mrd. Euro, siehe: Statistisches Bundesamt [Hrsg.], *Bildungsfinanzbericht* 2013, S. 35).

92 Siehe Robert Helmrich u. a.: »Engpässe auf dem Arbeitsmarkt: Geändertes Bildungs- und Erwerbsverhalten mildert Fachkräftemangel. Neue Ergebnisse der BIBB-IAB Qualifikations- und Berufsfeldprojektionen bis zum Jahr 2030«, in: *BIBB-Report*, Nr. 18 (2012).

Bereich der nichtakademischen Fachkräfte: Hier ist per saldo ein Verlust von knapp fünf Millionen (4,9 Mio.) in diesen 20 Jahren zu erwarten, und es steht in den Sternen, wie diese riesige Lücke gedeckt werden soll. Anders ausgedrückt: 2030 wird der Rückgang bei Erwerbspersonen mit einer abgeschlossenen Ausbildung bei 19,3 %, bei Fachhochschulabsolventen, Meistern und Technikern bei 9,3 % und bei Erwerbspersonen ohne abgeschlossene Ausbildung bei 7,6 % liegen. Voraussichtlich wird der Anteil der Erwerbspersonen mit einer abgeschlossenen Berufsausbildung von derzeit 57,7 % auf 51,2 % im Jahr 2030 sinken.[93] Noch bis vor einigen Jahren wurde diese sich schon damals abzeichnende Entwicklung mit einem Achselzucken übergangen, als ob sich durch die Akademisierung von immer mehr Ausbildungsberufen diese Lücke wie durch Zauberhand schließen würde. Dies allerdings ist keineswegs erkennbar, und selbst wenn es realisiert würde, müsste dies als eine umfassende Dequalifizierung interpretiert werden.

Um dies zu illustrieren, greife ich auf ein lange zurückliegendes Beispiel zurück: Noch in den 1970er Jahren wurde fast flächendeckend in Deutschland entschieden, die pädagogischen Hochschulen aufzulösen und in die Universitäten zu integrieren. Dort, wo zuvor Lehrkräfte für ihren spezifischen Beruf ausgebildet wurden, unternahm man nun große Anstrengungen, um dem universitären Wissenschaftsanspruch gerecht zu werden. Dies ist bei den übergeleiteten Professoren in der Regel nicht gelungen, da diese

---

93 Ebd.

anders sozialisiert waren. Sie hatten Schwierigkeiten, von den Kollegen, die sich über mehr oder weniger exzellente Forschung und nicht primär über die pädagogische Berufs-tätigkeit qualifiziert hatten, als gleichwertige Wissenschaftler anerkannt zu werden. Die damit einhergehende Pseudo-verwissenschaftlichung der Pädagogik hat diesem Fach und seinen Studierenden nicht gutgetan. Bis heute wird die Praxisferne der Ausbildung von Pädagoginnen und Pädagogen kritisiert. Natürlich ist die Fachkompetenz, erworben über ein wissenschaftsorientiertes Studium, insbesondere für den Unterricht der höheren Jahrgangsstufen von großer Bedeutung, denn schließlich müssen kritische Nachfragen intelligenter Schülerinnen und Schüler beantwortet werden können. Dennoch ist die weitgehende Angleichung der Inhalte von Studierenden für Staatsexamina einerseits und solchen für Tätigkeiten im Bereich angewandter oder auch grundlagenorientierter Wissenschaft andererseits nicht gerechtfertigt. Die Einrichtung Universität mit ihrer engen Verkoppelung von Forschung und Lehre erzwingt aber geradezu eine solche Neuausrichtung gegenüber den alten pädagogischen Hochschulen. Das Ziel war natürlich, auf diese Weise das Renommee des Fachs Pädagogik zu steigern, doch tatsächlich ist das Gegenteil eingetreten. Das Spezifikum der Pädagogik als eines auf die pädagogische Praxis ausgerichteten Lehrfaches, für das wissenschaftliche Forschung natürlich von großer Bedeutung ist, hat jedoch darunter gelitten.

Schon von daher sehe ich den gegenwärtigen Akademisierungstrend für soziale Berufe wie den des Erziehers oder Altenpflegers als problematisch an. Dieses Bestreben kaschiert nur mühsam den analogen Wunsch nach gleicher Anerkennung, den man zwar sehr gut nachvollziehen, die aber durch eine Akademisierung nicht erreicht werden kann. Im Gegenteil: Die spezifische praxisorientierte Ausbildung in den Einrichtungen selbst kann von einem wissenschaftsorientierten Studium an den Universitäten auf keinen Fall auf dem gleichen Niveau geleistet werden. Die Verlagerung dieser Ausbildungsberufe an die Universitäten bedeutet also zwangsläufig einen Qualitätsverlust, wie er mit der Integration der pädagogischen Hochschulen nach fast einhelliger Beurteilung eingetreten ist.

Gegen diesen Einwand werden zwei Argumente vorgebracht: Zum einen, dass sich im öffentlichen Dienst die Einkommen für die betreffenden Berufe nur auf diesem Weg in der wünschenswerten Weise werden anheben lassen. Mit anderen Worten: Man wählt ein falsches Mittel, um ein sinnvolles Ziel zu erreichen, mit der Folge einer absehbaren Dequalifizierung. Ich plädiere stattdessen dafür, die wissensbasierten Anteile der Ausbildung zu nichtakademischen sozialen Berufen nicht nur in den staatlichen Berufsschulen, sondern auch in den Ausbildungsbetrieben zu verstärken, wobei hier auch externe Lehrangebote der Universitäten sinnvoll sein können. Hingegen warne ich davor, das Qualifikationsniveau durch Akademisierung der Berufsbildung abzusenken. Letztlich geht es darum, den Irrtum des Intellektualismus (Kapitel VII) nicht zu begehen: Der Kinderpsychologe ist nicht notwendigerweise der bessere Vater, die ausgebildete Kinderpsychologin nicht notwendigerweise die bessere Erzieherin, selbst zur Leitung einer entsprechenden

Einrichtung qualifiziert keineswegs erst ein akademisches Studium. Dies ist nämlich das zweite Argument, das für eine Akademisierung sozialer Berufe vorgetragen wird: Man müsse doch zumindest die Leiterinnen und Leiter der Einrichtungen aus Studienabsolventen rekrutieren, möchte aber keine Zwei-Klassen-Beschäftigten schaffen, von denen die einen von vornherein keine Chance haben, ihre Karriere mit der Leitung einer solchen Einrichtung zu krönen. Zum einen scheint mir dieses Argument nicht zwingend zu sein: In den öffentlichen Verwaltungen generell sind manche Leitungsfunktionen an akademische Berufsabschlüsse gekoppelt, zum Beispiel auch (was ich schwer nachvollziehbar finde) bei kommunalen Wahlbeamten, ohne dass dies von vornherein den Betriebsfrieden gefährden würde. Vor allem aber sehe ich nicht, dass die Leitung einer solchen Einrichtung einen akademischen Abschluss voraussetzt. Wenn große Konzerne sich Vorstandsvorsitzende ohne Studienabschluss leisten können, dann sollte dies auch für kleinere soziale Einrichtungen möglich sein.[94] Der auftretende wissenschaftliche Beratungsbedarf kann in anderer Weise gedeckt werden als dadurch, dass die jeweilige Leitung eine wissenschaftliche Qualifikation mitbringt. Sowohl in Schulen als auch in Kindertagesstätten und Altenpflegeeinrichtungen ist medizinisches, psychologisches und sonstiges akademisches Wissen

---

94 10,2 % der Top-Manager verfügten 2004 in Deutschland über kein Hochschulstudium. (Vgl. Bernd Noll, Jürgen Volkert, Niina Zuber, *Managermärkte: Wettbewerb und Zugangsbeschränkungen – Eine institutionen- und sozioökonomische Perspektive*, Baden-Baden [2011], S. 152 ff.)

auf der Basis wissenschaftlicher Kenntnisse erforderlich, das durch entsprechende Stellen für Medizinerinnen, Psychologen, Soziologen etc. abgedeckt werden kann.

Die generelle Akademisierung der sozialen Ausbildungsberufe ist jedenfalls ein Irrweg. Das gilt erst recht für den handwerklich-technischen und den kaufmännischen Bereich. Es geht mir wohlgemerkt *nicht* darum, eine zusätzliche Qualifizierung für unnötig zu erklären, sondern vielmehr darum, dem Verlust berufspraktischer Qualifizierung vorzubeugen. Nicht Überqualifizierung sollte abgewehrt, sondern Dequalifizierung muss verhindert werden.

Wenn man diese (normativen) Voraussetzungen akzeptiert, also:

1. keine Verlagerung beruflicher Bildung an die Hochschulen in größerem Umfang,
2. keine Deindustrialisierung Deutschlands nach dem britischen Muster,
3. attraktivere Gestaltung beruflicher Bildung für Hochschulzugangsberechtigte,
4. Aufwertung nichtakademischer Berufstätigkeiten durch die Option, hohe Leitungsfunktionen nicht nur in der Privatwirtschaft, sondern auch im öffentlichen Dienst einzunehmen,

dann wäre ein deutlicher Rückgang nichtakademischer Berufstätigkeiten zweifellos kontraproduktiv, dann müssen vielmehr große Anstrengungen unternommen werden, um diese in der BIBB-Studie belegte Lücke von über vier Millionen nichtakademischen Fachkräften bis 2030 zu füllen. Dies ist bei Berücksichtigung der demografischen Entwicklung nur möglich, wenn unterschiedliche Maßnahmen und Entwicklungen zusammenwirken, nämlich:

1. Eine anhaltende Zuwanderung von akademischen, vor allem aber nichtakademischen Fachkräften aus Europa und der Welt in beträchtlichem Umfang. Um der Deckungslücke beizukommen, die aus dem steigenden Bedarf und dem sinkenden Angebot aufgrund der demografischen Entwicklung resultiert, muss die Zuwanderung und Inklusion der Migranten in den deutschen Arbeitsmarkt vereinfacht werden. Die Engpässe werden vor allem auf dem beruflichen MINT-Arbeitsmarkt stark zunehmen. Der Ersatzbedarf übertrifft das Angebot bei beruflichen MINT-Qualifikationen ab 2016 deutlich. Das Deutsche Institut für Wirtschaftsforschung prognostiziert einen Rückgang im Angebot an beruflich ausgebildeten MINT-Kräften, zugleich werden von 2013 bis 2020 2,6 Mio. Fachkräfte benötigt (unter Berücksichtigung von Ersatzbedarf und Expansionsbedarf): Aus der Ausbildung im Inland werden nur 1,3 Mio. Absolventen erwartet, was zu einem Arbeitsengpass von 1,4 Mio. führen wird.[95]

2. Ein hinreichender Anteil an Hochschulzugangsberechtigten, die kein Studium beginnen, sondern sich für die

---

95 Vgl. Axel Plünneke u. a., *MINT-Frühjahrsreport 2013*, Deutsches Institut für Wirtschaftsforschung, Köln, S. 67.

berufliche Bildung entscheiden. Ein Anstieg von (gegenwärtig) ca. 20 %[96] auf 30 % würde einen jährlichen Zuwachs von 10 % für die duale Bildung erbringen, eine – durchaus denkbare – Verdopplung sogar einen Zuwachs von 20 %.[97] Die ca. 30 % Studienabbrecher[98] könnten bei einem vollständigen Wechsel in die berufliche Bildung einen jährlichen Zuwachs von 30 % erbringen.[99]

3. Vor allem aber: Stopp des Akademisierungswahns, das heißt kein weiterer Anstieg, sondern eine Verminderung der Studienanfängerquote zukünftiger Jahrgänge. Wenn diese sich wieder von derzeit über 50 % auf ca. ein Drittel pro Jahrgang wie noch im Jahr 2000 reduzieren würde, täte dies sowohl der akademischen als auch der beruflichen Bildung gut und trüge zur Stabilisierung des akademischen und des nichtakademischen Arbeitsmarktes gleichermaßen bei.

---

96 Für die sogenannte Übergangsquote in die Hochschule wird für das Jahr 2012 ein Wert von knapp 80 % prognostiziert (siehe *Bildung in Deutschland 2014*, a.a.O., S. 296).

97 Vgl. *Bildung in Deutschland 2014*, a.a.O.

98 Ulrich Heublein u. a., »Die Entwicklung der Schwund- und Studienabbruchquoten an den deutschen Hochschulen – Statistische Berechnungen auf der Basis des Absolventenjahrgangs 2010«, in: *HIS: Forum Hochschule*, Nr. 3 (2012).

99 Vgl. *Bildung in Deutschland 2014*, a.a.O.

Kapitel XII

Respekt

Respect ist das Zauberwort in urbanen Milieus und dem, was verschämt *ethnic communities* US-amerikanischer Metropolen genannt wird. *Respect* wird vermisst, eingefordert und gewährt. Respekt ist ein transkulturelles Phänomen, das sich in ganz unterschiedlichen kulturellen und normativen Zusammenhängen äußert. Eine auf gleicher Freiheit beruhende demokratische Kultur verlangt Respekt gegenüber jeder Bürgerin und jedem Bürger unabhängig von ihrer Herkunft, ihrem sozialen Stand, ihrer ökonomischen Situation, ihrer Religion oder ihrer Hautfarbe. Hierarchische und patriarchalische traditionelle Kulturen verlangen ebenfalls Respekt, aber in ihnen sind die Kriterien des Respekts nach Rang und Rolle differenziert. Tatsächlich ist es natürlich eine Illusion zu glauben, dass diese beiden Extreme in Reinform existierten. Die demokratische Praxis des gleichen Respekts, der gleichen Würde und Anerkennung jeder Person sollte in der öffentlichen Sphäre und der des Rechts gelten. Als Bürgerinnen und Bürger sind wir frei und gleich, als Mitarbeiterinnen eines Betriebes oder einer Verwaltung sind wir weisungsunterstellt, wobei die Praxis des wechselseitigen Respekts die daraus resultierenden Unterschiede berücksichtigt: Es wäre respektlos von einem Weisungsunterstellten, seinem Vorgesetzten eine Weisung zu geben. Umgekehrt ist es nicht respektlos, wenn die Abteilungsleiterin ihrem Mitarbeiter eine Weisung gibt, vorausgesetzt sie vergreift sich nicht im Ton und berücksichtigt die Arbeitnehmerrechte. In traditionellen Ordnungen, aber auch in Institutionen wie Unternehmen oder öffentlichen Verwaltungen entwickeln sich die Strukturen wechselseitiger Anerkennung, wechselseitigen Respekts und die Kriterien eines würdevollen und humanen Umgangs miteinander im Rahmen vielfältiger Beziehungen der Ungleichheit, der Abhängigkeit, der Wertschätzung, der Leistung, des Einflusses, der Loyalität und der Zugehörigkeit. Eine demokratische Kultur, die sich in Opposition zu all diesen Differenzierungen bringt, ist schon vom Ansatz her nicht lebensfähig. Dies ist die zentrale Botschaft des sogenannten Kommunitarismus, wie er in den 1980er Jahren in den USA als Gegenbewegung zu überzogenen libertären und liberalistischen Gesellschafts- und Demokratiekonzeptionen entstanden ist.[100] Die gleiche Freiheit aller Bürgerinnen und Bürger löst nicht die Ungleichheiten der Gemeinschafts-

---

100 Zu seinen wichtigsten Vertetern zählen Alasdair MacIntyre (*After Virtue*, London [2011]), Michael Sandel (*Liberalism and the Limits of Justice,* Cambridge [2011]) und Michael Walzer (*Spheres of Justice*, New York [1983]). Für einen kurzen Überblick über die politische Philosophie des Kommunitarismus vgl. JNR, *Politische Philosophie. Grundlagen des Politischen Denkens* (Seminar der ZEIT-Akademie, 13 Lektionen auf 4 DVDs + Begleitbuch), Hamburg (2014).

zugehörigkeit, der Wertungen und der Lebensformen auf. Die demokratische Gesellschaft mutiert auch nicht zu einer Marktordnung atomisierter Individuen als Konsumenten.

Das Bildungswesen eines Landes trägt in besonderer Weise zu einer Kultur des Respekts bei: Es sollte im demokratischen Geiste bilden und so die Voraussetzungen schaffen, Autorin bzw. Autor des eigenen Lebens zu werden (vgl. Kap. III). Die Bildungsangebote sollen die Bedingungen für gleichen Respekt, gleiche Anerkennung, gleiche Autorschaft schaffen. Ein Bildungssystem, das lediglich selektiert, das die ökonomisch-sozialen Positionen je nach Erfolg (oder der Dauer des Verbleibs) im Bildungswesen zuteilt, ist mit einer demokratischen Kultur gleichen Respekts unvereinbar. Daher plädierte ich im ersten Teil für ein anderes, differenzierendes, aber nicht selektives Bildungsverständnis. Die Kriterien des Respekts werden durch die Inhalte von Bildung und Kultur immer wieder neu definiert: Welche Leistung ist besonders anerkennungswürdig, welche Bildungsinhalte haben die Kulturbedeutung, die sie kanonisch werden lassen? Nach welchen Leistungen wird bewertet? Welche Fähigkeiten entscheiden über den Erfolg oder Misserfolg? Die Bildungspraxis ist durch und durch normativ und kulturell verfasst. Ob sie sich dies nun eingesteht oder, wie das seit einiger Zeit in der empirischen Bildungsforschung geschieht, ihre normativ-kulturelle Verfasstheit leugnet, ist unerheblich.

Die aktuellen Nivellierungstendenzen (alle sollten danach streben, eine Hochschulreife zu erwerben und zu studieren; prüfbare und erlernbare Kompetenzen als zentrales Steuerungsinstrument sollen die ganze Vielfalt von Bildungsin-

halten ersetzen; die Unterschiedlichkeit nationaler Bildungstraditionen muss verschwinden) sind auch Ausdruck einer
Kultur mangelnden Respekts. Richard Sennett hat kürzlich
in einer vielgepriesenen, aber auch vielkritisierten Studie die
Abwertung des Handwerklichen mit vielen historischen Beispielen eindrucksvoll belegt.[101] Das Verständnis von akademischer Bildung als der höchsten Form von Bildung beinhaltet
die Abwertung all dessen, was wissenschaftsfern ist: Erst
die Wissenschaftsorientierung vollendet die Bildung. Alles,
was zuvor scheitert, erreicht nicht die höchste Entfaltung
menschlicher Potenzialität. Diese Gescheiterten sollen sich
eben damit begnügen, nicht aus Gold, sondern nur aus Silber oder Eisen zu sein, wie Platon dies für Jahrhunderte stil-

---

101 Es ist anzunehmen, dass aufgrund der europäischen Einwande-
rung in die USA Handwerkertraditionen über eine lange Periode
auch in den USA prägend waren. Heute ist dies fast völlig ver-
schwunden. Die Folge ist, dass deutsche Manager, die in den USA
Niederlassungen betreuen, ihre Erwartungen im Hinblick auf
handwerkliche und technische Kompetenzen deutlich zurück-
schrauben müssen. Ein Osram-Manager, der in den USA auch für
Personalentscheidungen Verantwortung trug, erzählte mir, dass es
zu seinem anfänglichen Erschrecken ganz normal ist, dass sich auf
eine ausgeschriebene Feinmechanikerstelle vom Surflehrer bis
zum Bachelorabsolventen in *Cultural Studies* alle möglichen Leute
bewerben, nur keine Feinmechaniker – jedenfalls nicht solche,
die den deutschen Standards entsprechen. *Made in Germany* hat
auch deshalb in den USA einen guten Klang, weil dieses Gefälle
dort anders als hierzulande bekannt ist. Auch China beklagt seit
einiger Zeit eine überhöhte Akademikerquote, die von den Verantwortlichen auf eine kulturelle Tradition zurückgeführt wird, die
in diesem noch kürzlich agrarisch geprägten Land Aufstieg mit
Abkehr von allem Haptischen identifiziert.

gebend formulierte. Wenn erst die Distanz zum Haptischen den Bildungserfolg dokumentiert, dann wird verständlich, warum viele Menschen weltweit – gerade auch in den sich entwickelnden Ländern wie China oder Brasilien – sogar große ökonomische Einbußen in Kauf nehmen, um dem Konkreten, dem Haptischen, dem Handwerklich-Technischen, der unmittelbaren Befassung mit Menschen in sozialen Berufen zu entkommen. Das Programm dieses einseitigen Bildungsverständnisses heißt Distanz von Dingen und Personen. Statt unterschiedliche Lebensformen als grundsätzlich gleichrangig zu respektieren, wie Aristoteles dies mit seiner Erörterung der praktischen und der theoretischen Lebensform vorgemacht hat, wird – natürlich in der Regel nur implizit, dafür aber umso wirksamer – eine Abstufung vom Konkreten zum Abstrakten vorgenommen, wobei sich die höchste Bildung nur auf der Stufe der Abstraktion bewegt. Verbunden mit einem Standesbewusstsein der Distinktion und ihrer vielfältigen Ausdrucksformen (wer gehört mit welcher Praktik und welchem Verhalten dazu oder versucht, damit seine Zugehörigkeit zu dokumentieren?) führt der daraus resultierende Kampf um Anerkennung zu einer Dynamik der Einebnung von Differenzen der Bildungsinhalte, der Berufspraktiken und der Lebensformen. Dies ist kein Gewinn, sondern ein Verlust. Die demokratische Kultur und die moderne Ökonomie müssen mit Differenzierungen, mit kultureller, normativer, mit Lebensform-Differenz verträglich sein oder erst verträglich gemacht werden. Das jeweils staatlich verantwortete Bildungssystem spielt dabei eine große Rolle, und entsprechend groß ist die Bildungsverantwortung der staatlichen Träger. Nun muss man anerkennen, dass staatliche Schulen weltweit versuchen, eine (Bildungs-)Kultur des Respekts zu etablieren. Leider tun sie dies oft mit den falschen Instrumenten, nämlich mit einer einseitigen, Lebensformen unterschiedlich anerkennenden und implizit bewertenden, einzelne Fähigkeiten über die Maßen auszeichnenden und andere abwertenden Praxis. Die berühmte handwerkliche oder technische Begabung wird so vielfach als Kaschierung des Bildungsversagens wahrgenommen: »Du bist zwar gescheitert, aber immerhin gibt es ja noch die Notlösung einer praktischen Berufsausbildung.«

Noch sind wir gerade in Mitteleuropa nicht so weit, wie dies offenbar in US-amerikanischen oder chinesischen Metropolen der Fall ist. Das ist keine Schwäche in der internationalen Konkurrenz, sondern eine Stärke. Die chinesischen Bildungsplaner wissen darum sehr genau. Sie kritisieren diese Abkehr vom Konkreten und machen die spezifisch chinesische Tradition der Mandarine dafür verantwortlich. Wie immer es sich damit verhält, wie immer die lokalen kulturellen Bedingungsgefüge sind, die staatliche Bildungsverantwortung muss auf Inklusion, auf gleiche Anerkennung, auf Vielfalt und Differenzierung statt auf Nivellierung, Homogenisierung und Selektion gerichtet sein. In den allgemeinbildenden Schulen sollte das Konkrete, das Handwerklich-Technische, das Ästhetische und Soziale zu einem zentralen Bildungsinhalt werden und damit einer Fehlorientierung großer Teile der Jugendlichen vorbeugen. Wenn sie ihren eigenen Weg finden sollen, dann müssen sie zunächst einmal um die unterschiedlichen Optionen wissen, ihre Wertungen und Haltungen prüfen, das Eigene in der Vielfalt von Möglichkeiten positionieren. Die Krise beruflicher Bildung ist vor allem eine Krise der Anerkennungskultur, der Anerkennung von nichtakademischen Fähigkeiten, Begabungen und Interessen. Dies lässt sich nicht durch kosmetische Korrekturen beheben. Dahinter steht ein Trend der Instrumentalisierung und Vereinheitlichung von Bildungsinhalten und Bildungspraktiken, der in den letzten Jahren eine zuvor ungekannte Dynamik entfaltet hat. Dies ist von den Beschleunigern und Verflachern unter den Bildungspolitikern enthusiastisch begrüßt worden: Die Abwicklung vermeintlich verzopfter Bildungsinhalte und Reglementierungen, die Besonderheiten von Ausbildungsordnungen und Fächerkulturen schienen ein Hindernis auf dem Weg zur stromlinienförmigen Arbeitskraft, die vielfältig und mobil einsetzbar, lediglich oberflächlich gebildet, formbar und nützlich sein soll. Die Paradoxie besteht darin, dass diejenigen, die dachten, von dieser Entwicklung zu profitieren, nun oft selbst zu den größten Skeptikern gehören. Sie haben erkannt, dass die Nivellierungs- und Verflachungstendenzen zugleich eine Dequalifizierung mit sich bringen, die für die Zukunftschancen und Innovationspotenziale bedrohlich werden können.

Die Bevölkerung scheint zum Teil weiter zu sein als Bildungsforschung und Bildungspolitik. Die Rückabwicklung der Bildungsbeschleunigung in Gestalt einer Rückkehr zu G9 ist dafür ein interessanter Indikator: Was hilft das gewonnene Schuljahr, wenn es mit Verflachung, Nivellierung und Oberflächlichkeit erkauft wird? Bildungsforschung und Bildungspolitik folgen diesem Trend nur widerwillig, da er all das in

Frage stellt, was meist unausgesprochen der Hintergrund der Bildungsreformen in den letzten Jahren war: Wir brauchen genuine Bildung nicht mehr, es genügt die Förderung einzelner prüfbarer, in den Unternehmen verwertbarer Kompetenzen. Wozu ganze Generationen zukünftiger Akademiker jahrelang in einem System (der Universität) belassen, in dem sie kritisches Denken lernen, Fragen an die gesellschaftliche, ökonomische und technische Entwicklung stellen, möglicherweise die Konsumkultur in Frage stellen? Auch wenn diese Ängste mancher konservativer Manager und Bildungsplaner wie aus der Zeit gefallen scheinen, weil sie ein später Widerhall der kritischen Generation der 1960er und 1970er Jahre sind, so haben sie die europäische Bildungsplanung doch in erstaunlich hohem Maße beeinflusst. Der Abbau von Reflexion und Kritik an den Universitäten, die Umformung der Universitäten von Stätten des freien Geistes zu mittelständischen Unternehmen, die ängstlich auf die nationale und internationale Konkurrenz schielen und Forschungsleistungen nach *impact factors* quantitativ bewerten, in denen öffentliche Diskussionen eine immer geringere Rolle spielen, war noch nicht genug. Ihre Umformung zu Anstalten der Zurichtung für ökonomisch verwertbare Tätigkeiten war noch nicht vollendet. Interessanterweise formierte sich der Widerstand an den Schulen stärker als an den Universitäten. Die Eltern empfanden den Verlust an Persönlichkeitsbildung ihrer Kinder dramatischer als die Studierenden den Verlust einer akademischen Reflexionskultur.

In der nichtakademischen Bildungs- und Berufswelt wurde die Abwertung ihrer spezifischen Qualifikationen und

Kompetenzen resigniert hingenommen. Der Wegfall des Meisterprivilegs als Botschaft, dass es auf diese Kompetenzen auf den globalisierten Arbeitsmärkten nicht mehr ankäme, wurde akzeptiert, der neoliberale Zeitgeist hatte auch den konservativsten Handwerksbetrieb erfasst. Zusammen mit dem Rückgang der Quote eines Jahrgangs, der für die berufliche Bildung zur Verfügung steht, ging auch ein Verlust an kritischer Substanz und gesellschaftlicher Relevanz einher. Mit dem Schrumpfen des Jahrgangsanteils wurde der Prozentsatz derjenigen höher, die die berufliche Bildung in erster Linie als Krisenlösung (als eine Lösung der Krise ihres Bildungsweges) verstanden, während die Aufgewecktesten und Motiviertesten unter den Auszubildenden nach Abschluss ihrer Lehre versuchten, möglichst rasch wieder an die vermeintlich oberste Bildungskohorte anzuschließen und den nichtakademischen Arbeitsmarkt verließen. Das Verharren im Althergebrachten, die defensive Grundhaltung, die ihren Höhepunkt wohl in den 1990er Jahren hatte, interessanterweise kurz vor Einsetzen des Akademisierungswahns, hat zu einer Kultur mangelnden Respekts vor dem Handwerklichen, Technischen, Konkreten, Sozialen, Verarbeitenden und Gestaltenden beigetragen. Dennoch glaube ich, dass es für den Abgesang zu früh ist. Die Indizien mehren sich, dass eine Trendwende in Gang gekommen ist, die sich zunächst normativ und dann auch in konkreten Zahlen äußern wird.[102] Die angestiegenen Abbrecherquoten unter

102 Kürzlich äußerte sich auch der *Deutsche Wissenschaftsrat* ganz in meinem Sinne: »Für die zukünftige Versorgung der Gesellschaft

Studierenden, die bittere Erfahrung, keine dem eigenen Studienfach entsprechende berufliche Tätigkeit zu finden, die Unsicherheit, ob diese Konfrontation mit Wissenschaft tatsächlich dem eigenen Bildungsweg entspricht, könnten diesen Trend beschleunigen. Aber auch die Erfahrung zahlreicher Unternehmen, dass ihnen nun der beruflich gebildete nichtakademische Nachwuchs ausgeht und dass sie diesen nicht – wie jahrelang von Bildungstheoretikern prognostiziert – ohne weiteres durch Hochschulabsolventen ersetzen können, mag dieses Umdenken befördern. Schließlich werden die starke Rolle Deutschlands im Bereich des Technischen und die trotz – oder wegen – der niedrigen Akademikerquote günstigen Arbeitsmarktdaten dem Akademisierungswahn entgegenwirken. Der Zuspruch zu meiner Kritik des Akademisierungswahns aus ganz unterschiedlichen politischen und gesellschaftlichen Lagern lässt mich erwarten, dass sich hier eine nachhaltige Veränderung ankündigt. Die Tatsache, dass Deutschland nach meiner Einschätzung

---

mit Fachkräften erachtet der Wissenschaftsrat eine funktionale Balance zwischen beruflicher und akademischer Bildung als unverzichtbar« (*Empfehlungen zur Gestaltung des Verhältnisses von beruflicher und akademischer Bildung*, Darmstadt [2014], S. 9). Auf der Homepage des Bundesministeriums für Bildung und Forschung wird Ministerin Johanna Wanka, die meine Stellungnahmen zunächst kritisiert hatte, nun mit »Beide Bereiche sind gleichwertig« zitiert und begrüßt die Empfehlungen des Deutschen Wissenschaftsrates (vgl. http://www.bmbf.de/press/3594.php, zuletzt aufgerufen am 10.06.2014). Hier deutet sich eine Trendwende an, ein neuer Konsens von Bildungsverantwortlichen in Deutschland, der die Hegemonie des Akademisierungswahns von OECD bis Bertelsmann beenden könnte.

durchaus einen deutlich höheren Akademikeranteil vertragen kann, als gegenwärtig auf dem Arbeitsmarkt insgesamt zur Verfügung steht, gibt Grund, die weitere Entwicklung gelassener zu sehen. Der beabsichtigte Akademisierungswahn hat noch nicht so durchgeschlagen, wie das die Planer gerne gewollt hätten: Die Abbrecherquoten sind zu hoch, und die Widerständigkeit gegen eine umfassende Akademisierung von Ausbildungsberufen ist eher größer als geringer geworden. Auch der Anteil derjenigen, die sich nach Erwerb der Hochschulzugangsberechtigung gegen ein Studium entscheiden, wächst. Wir sollten diese Entwicklung nicht beklagen, sondern begrüßen und fördern. Voraussetzung für eine solche Entwicklung ist allerdings eine Kultur des Respekts, der Anerkennung von Vielfalt und eine Umsteuerung auf Differenzierung statt Selektion.

Tabelle 4: Abbrecherquote in % (2010)		
	Bachelor	Diplom & Magister
Universität (gesamt)	35	24
Mathematik & Naturwissenschaften	39	25
Ingenieurwissenschaften	48 (!)	29
Fachhochschule (gesamt)	19	21
Mathematik & Naturwissenschaften	30	22
Ingenieurwissenschaften	30	30
Quelle: *Bildung in Deutschland 2014*, S. 301		

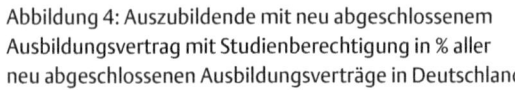

Abbildung 4: Auszubildende mit neu abgeschlossenem
Ausbildungsvertrag mit Studienberechtigung in % aller
neu abgeschlossenen Ausbildungsverträge in Deutschland

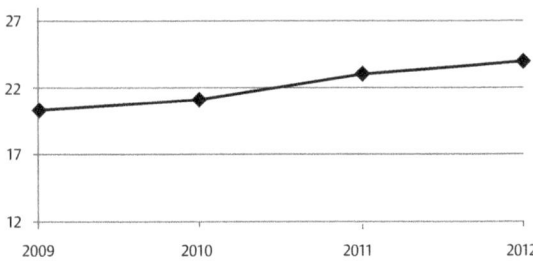

Quelle: Datenreport zum Berufsbildungsbericht 2014, Stand: 8. April 2014

Dritter Teil

Zur Krise akademischer Bildung

Kapitel XIII

Das Erfolgsprojekt Humboldt-Universität

Die Erfolgsgeschichte der preußischen Reform-Universität im 19. Jahrhundert beruhte auf den neuhumanistischen Bildungsidealen, die ihren historischen Ausgang im *Streit der Fakultäten*[103] bei Immanuel Kant nahmen und in konkrete Universitätskonzeptionen Schleiermachers, Fichtes und Wilhelm von Humboldts mündeten.[104] Die Umsetzung dieser Bildungsideale im 19. Jahrhundert verlagert den Schwerpunkt der Universität von der Ausbildungsstätte für drei akademische Berufe – Theologen, Juristen und Mediziner – zum Zentrum der Wissenschaft, der Wahrheitssuche. Das vielleicht wichtigste Merkmal dieses Prozesses – und daran sollte man angesichts der aktuellen Veränderung der Europäischen Universität erinnern – ist, dass mit dieser Verlagerung des

---

103 Immanuel Kant, *Streit der Fakultäten* (1798).

104 Wilhelm von Humboldt, *Der Litauische Schulplan* (1809) sowie *Über die innere und äußere Organisation der höheren wissenschaftlichen Anstalten in Berlin* (1810); Friedrich Schleiermacher, *Gelegentliche Gedanken über Universitäten in deutschem Sinn* (1808); Johann Gottlieb Fichte, *Deduzierter Plan einer in Berlin zu errichtenden höheren Lehranstalt* (1808).

Schwerpunktes zur Wissenschaft als solcher, zu Forschung um ihrer selbst willen, ein Innovationsschub ausgelöst wird, der zunächst die Philosophische Fakultät zur obersten Fakultät macht, aus der wie in einer Kaskade das Spektrum wissenschaftlicher Disziplinen hervorgeht, wie wir es heute kennen: Von der Mutterwissenschaft der Philosophie lösen sich zunächst die Naturwissenschaften mit eigenständigen Forschungsparadigmen und Untersuchungsmethoden ab, dann die Geisteswissenschaften, dann die Sozialwissenschaften. Dieser Prozess erreicht ab der Mitte des 19. Jahrhunderts einen Höhepunkt, kann aber bis heute nicht als abgeschlossen betrachtet werden. Der Zellteilungsprozess von Subdisziplinen und die Rolle der Philosophie als Mutterwissenschaft ist nicht lediglich eine historische Reminiszenz. So ist die Logik als eine eigene wissenschaftliche Disziplin, die heute meist von Mathematikern betrieben wird, ein Produkt der Veränderungen innerhalb der Philosophie Anfang des 20. Jahrhunderts. Weite Bereiche linguistischer Forschung gehen aus den neuen sprachphilosophischen Paradigmen des 20. Jahrhunderts hervor. Dieser philosophisch initiierte Zellteilungsprozess, der vor über 200 Jahren beginnt, verschafft der Wissenschaft eine ungeahnte technologische, ökonomische, soziale und kulturelle Relevanz.

Der wohl größte Irrtum aktueller Instrumentalisierungstendenzen der Wissenschaft ist, dass diese unter ökonomischen oder sozialen Zwecken gesteuert werden müssen, um technologischen, ökonomischen, sozialen und kulturellen Fortschritt zu generieren. Die historische Erfahrung lehrt das Gegenteil. Die Instrumentalisierung der Akademia durch staatliche, klerikale und ökonomische Zwecke hat das Innovationspotenzial der Wissenschaft stets blockiert. Das Ende dieser Instrumentalisierung ist zugleich historisch gesehen das Ende dieser Blockade und leitet eine wissenschaftlich-technische europäische Zivilisation ein, deren Produktivität nicht nur in ökonomischer Hinsicht erst zu Beginn des 19. Jahrhunderts einsetzt und zu einer einmaligen ökonomischen Dominanz führt, die erst in den beiden Weltkriegen des 20. Jahrhunderts gebrochen wird und wohl in diesem Jahrhundert zu Ende gehen wird. Die neue Europäische Universität nach Humboldt'schem Muster spielte für diese Entwicklung eine Schlüsselrolle.

Die Grundlage ihres Erfolges ist ein erkenntnistheoretischer, anthropologischer und ethischer Humanismus, dessen Grundzüge ich in meiner *Philosophie einer humanen Bildung* (2013) ausführlicher dargestellt habe. Im Folgenden beschränke ich mich darauf, die wichtigsten Elemente humanistischen Denkens zusammenzustellen, die nicht erst für die bildungspolitischen Reformen des 19. Jahrhunderts in Deutschland ausschlaggebend waren, sondern über die gesamte europäische Bildungsgeschichte in unterschiedlichem Maße und unterschiedlicher Gewichtung Wirksamkeit hatten.

Das wohl wichtigste Element sehe ich in der anthropologischen These, dass der Mensch die spezifische Fähigkeit habe, sich von *Gründen* affizieren zu lassen, das heißt Überzeugungen und Handlungen, auch Emotionen, an Gründen zu orientieren. Die Autonomie der Person, das, was in der vollendeten philosophischen Gestalt in der praktischen Philosophie

Kants seinen Ausdruck findet, ist nicht über Wünsche, sondern über Gründe konstituiert. Es ist nicht die Kohärenz der Wünsche, und sei es unter Einschluss von Wünschen zweiter Ordnung, die die Person konstituiert, sondern die Gründe, die sie abwägt, die praktischen wie theoretischen Deliberationen, die zu Entscheidungen und Urteilen führen.[105]

Humanistisches Denken ist immer *universalistisch*: Es nimmt den Menschen, unabhängig von seiner Hautfarbe, seiner Religion, seinem Geschlecht, seiner Herkunft in den Blick und schreibt ihm die gleiche Fähigkeit zur Verantwortung, zur Deliberation, zur Freiheit, zur Autonomie zu. Dieser Universalismus ist vereinbar mit der Anerkennung partikularer Prägungen, der Kultur, der sozialen Gemeinschaft, der Herkunft, auch mit besonderen Kooperationspflichten, die sich aus diesen partikularen Bindungen ergeben. Ein Thema, das für die kulturalistischen Varianten des Neuhumanismus im 19. Jahrhundert, für das spannungsreiche Verhältnis von Hegel und Kant, zentral geworden ist.

Humanistisches Denken ist immer auch *empathisch*: Es weiß um die Beschränktheit der eigenen Perspektive und verlangt, sich in die andere Person hineinzuversetzen, um Verständigung möglich zu machen. Empathie hat dabei nicht nur eine praktische, sondern auch eine theoretische Dimension.

Und schließlich ist humanistisches Denken *inklusiv*; es bezieht alle ein, die an der Verständigung teilhaben wollen und

---

105 Vgl. JNR, *Über menschliche Freiheit*, Stuttgart (2005), besonders Kapitel III.

teilhaben können. Die Popper'sche Wissenschaftsethik[106] ist eine moderne Fassung dieses inklusiven Verständnisses von Wissenschaft: Wissenschaft ist immer kritisch, sie strebt nach einem besseren Verständnis der Realität über den Versuch, verbreitete wissenschaftliche Meinungen zu widerlegen. Wissenschaft bezieht dabei alle ein, die einen Beitrag leisten können. Die Wahrscheinlichkeit, zu einer guten Theorie zu gelangen, wird höher, je mehr an diesem Unternehmen beteiligt sind. Wissenschaft kennt zumal keine nationalen oder kulturellen Grenzen. Sie bedient sich einer universellen Sprache, die – in vielen Fällen vermittelt durch Übersetzungen – allen prinzipiell zugänglich ist. Wissenschaft ist nicht gebunden an eine Sprache und eine Kultur.

Die moderne Europäische Universität beruht – ausgehend von der preußischen Reform-Universität Humboldts – auf humanistischen Bildungsidealen, nimmt von der berufsbildenden mittelalterlichen und frühneuzeitlichen Universität Abschied und stellt das Erkenntnisinteresse und die Idee der Persönlichkeitsbildung durch Forschung in den Mittelpunkt. Sie stiftet damit eine Einheit von Forschung und Lehre. Die Lehre bildet nicht aus, sondern vermittelt die notwendigen Kenntnisse und Fähigkeiten, um am Prozess der Forschung

---

106 Ich spreche hier bewusst von »Wissenschaftsethik«, da der kritische Rationalismus Poppers als Beschreibung des für die Wissenschaft konstitutiven Ethos von großer Bedeutung ist, während der Anspruch, damit die Praxis wissenschaftlicher Forschung umfassend und treffend beschrieben zu haben, zahlreichen Zweifel ausgesetzt ist (vgl. Karl Popper, *Logik der Forschung*, Wien [1935]).

teilzuhaben. Die Forschung ist nicht abgelöst von der universitären Lehre, sondern erarbeitet ein neues Verständnis, neue Gegenstände des Wissens, neue empirische Methoden, die dann in die Lehre einfließen. In der Gestalt des Universitäts-»Professors«, des Bekennenden der Europäischen Universität, wird die Einheit von Forschung und Lehre in Gestalt eines spezifischen beruflichen Ethos gestiftet. Der Professor bekennt sich und bindet sich damit. Er bindet sich damit an ein spezifisches Projekt des gemeinsamen und arbeitsteiligen Unternehmens der Wahrheitssuche. Dieses spezifische Projekt wird in der *Venia* verbindlich festgehalten. Die *Venia* wird ihm vom Kollegium seiner Fakultät verliehen. Zu diesem spezifischen Ethos gehört die Bindung über die Zugehörigkeit zur Gemeinschaft der Forschenden und Lehrenden, die Kooperationspflichten, die sich daraus ergeben, einerseits und die Freiheit der Wahl der spezifischen Gegenstände der Forschung und Lehre andererseits. Diese Freiheit, diese Autonomie kann nur gewährt werden, wenn sie mit einer entsprechenden Verantwortung wahrgenommen wird, die die Gemeinschaft der autonom Lehrenden und Forschenden stiftet.

Über das gesamte 19. Jahrhundert und bis in das 20. Jahrhundert hinein wurde versucht, darüber hinaus eine Einheit der Wissenschaft als Ganze durch hierarchische Strukturen wissenschaftlicher Disziplinen und Subdisziplinen aufrechtzuerhalten. Dieses Projekt, an dessen Spitze die Philosophie stand und die eine spezifische Einseitigkeit des Neuhumanismus zum Ausdruck bringt – ganz im Gegensatz zum Frühhumanismus der Renaissance oder gar zum antiken Humanismus der griechischen Klassik –, kann heute als gescheitert gelten. Die Dominanz der Geistes- über die Naturwissenschaften, ja, die innere Strukturierung etwa der Geisteswissenschaften nach Ordnungsprinzipien, ist einer Campus-Struktur mit immer wieder neu sich entwickelnden Feldern der Forschung und der Lehre gewichen. Die Philosophie hat allerdings ihre Rolle als Einheit stiftende Disziplin in meinen Augen dadurch nicht verloren – im Gegenteil: da ihre Kategorisierungen und Begriffsklärungen nicht am Anfang der jeweiligen wissenschaftlichen Disziplinen stehen, ist ihre Aufgabe anspruchsvoller geworden, die einzelnen Forschungsergebnisse kohärent zusammenzuführen, zu einem wissenschaftlichen Weltbild beizutragen, zwischen den unterschiedlichen Terminologien und Methoden der Einzelwissenschaften zu vermitteln und immer wieder neu ein humanistisches Menschenbild in ein wissenschaftlich verfasstes Weltbild einzupassen.[107]

Dieses interne Wissenschaftsethos, das ganz auf epistemischer Rationalität beruht, das dem besseren Argument zum Durchbruch verhelfen will, das alle einbezieht, die an der

---

107 Die von mir geleitete interdisziplinäre Arbeitsgruppe »Humanprojekt« der Berlin-Brandenburgischen Akademie der Wissenschaften (2006 – 2012) hat sich einen zentralen Aspekt dieser Aufgabe zum Ziel gesetzt, nämlich zu prüfen, welche Implikationen sich aus den jüngsten biologischen und neurowissenschaftlichen Forschungen für unser Menschenbild ergeben und eben die Einpassung eines humanistischen Menschenbildes in ein wissenschaftlich verfasstes Weltbild zu leisten. Bei de Gruyter erscheinen seit 2006 die Ergebnisse dieser Erörterungen in der neuen Buchreihe *Humanprojekt*.

wissenschaftlichen Kommunikationsgemeinschaft teilhaben, das Studierende als Partner und nicht mehr als Schüler behandelt, muss durch ein Ethos praktischer Rationalität angesichts der engen Verbindung von wissenschaftlicher Grundlagenforschung einerseits und technischer sowie ökonomischer Anwendung andererseits ergänzt werden. Die strikte Trennung wissenschaftlicher Grundlagenforschung, die zweckfrei zu geschehen hat, von deren Fruchtbarmachung, etwa in Technik und Ökonomie, lässt sich immer weniger aufrechterhalten. Die Verbindungen sind aus einer Reihe von Gründen enger geworden; zu diesen Gründen gehört, dass ein Gutteil der Grundlagenforschung große finanzielle Mittel erfordert, die aus den Universitäten selbst heraus meist nicht mehr erbracht werden können. Hinzu kommt, dass die praktischen Implikationen der Anwendung wissenschaftlicher Grundlagenforschung ohne Beteiligung der Wissenschaft selbst schwer abgeschätzt werden können. Die Wissenschaft hat zunehmend also auch eine externe Verantwortung, sodass das interne Ethos epistemischer Rationalität durch ein externes Verantwortungsethos komplettiert werden muss. Damit entsteht eine neue Begründungs- und Transferproblematik. Eine Begründungsproblematik insofern, als die Wissenschaft sich gegenüber einer breiteren, auch politischen Öffentlichkeit zu verantworten hat und dies in einer Sprache geschehen muss, die die disziplinären Grenzen des eigenen Fachs überwindet. Die Wissenschaft ist aufgerufen, dazu beizutragen, dass ihre Ergebnisse Eingang in die technische, ökonomische, soziale und kulturelle Praxis finden. Die Wissenschaft als Ganze hat mit anderen gesellschaftlichen

Subsystemen – um die nicht unproblematische Sprache der Systemtheorie zu verwenden – zu kooperieren: Im Hinblick auf ihre Finanzierung durch Steuergelder und Drittmittel aus anderen Ressourcen und hinsichtlich ihrer zentralen Rolle für die gesellschaftliche und kulturelle Entwicklung.

Das, was neudeutsch mit *public understanding of science* bezeichnet wird, muss zu einem integralen Bestandteil des Wissenschaftsethos werden und darf sich nicht auf die Naturwissenschaften beschränken. Die Wissenschaftspublizistik hat die verantwortungsvolle Rolle, wissenschaftliche Forschungsergebnisse einem breiteren Publikum nachvollziehbar zu machen, irrationale Ängste abzubauen, aber auch auf Gefährdungen durch wissenschaftliche Forschungen und ihre Anwendung hinzuweisen. Kurz, das wissenschaftsinterne Verantwortungsethos, das im Wesentlichen epistemische Rationalität sichert, muss durch ein externes Verantwortungsethos ergänzt werden.[108]

Dieses humanistische Wissenschaftsideal der Wahrheitsorientierung und der Einheit von Forschung und Lehre ist nicht obsolet. Es bedarf der Komplettierung, nicht des Abbruchs, gar in Gestalt einer Rückkehr zur mittelalterlichen Ausbildungsstätte, zur Stätte der Konditionierung, der bloßen Methodenvermittlung ohne Erkenntnisanspruch, der bloßen Vermittlung von Fähigkeiten, nicht von Einsichten, der Abrichtung, nicht der Bildung. Diese Komplettierung

---

108 Vgl. hierzu ausführlicher: JNR, »Wissenschaftsethik«, in: JNR (Hrsg.), *Angewandte Ethik. Die Bereichsethiken und ihre theoretische Fundierung*, Stuttgart (²2005).

sollte auf internationalen Austausch und Kooperation, auf die zivilgesellschaftliche Rolle wissenschaftlicher Expertise, auf wissenschaftstranszendente Verantwortlichkeit gerichtet sein.

Exkurs

An dieser Stelle ist ein Einschub nötig: Wir haben von akademischer Bildung bislang in einem recht unspezifischen Sinne gesprochen. Die OECD-Statistiken sprechen vom tertiären Sektor, der vom Bachelorabschluss über das frühere Fachhochschuldiplom bis hin zur Meisterprüfung reicht. Der *Europäische Qualifikationsrahmen* orientiert sich im Wesentlichen an der Dauer des Verbleibs im Bildungssystem bis zum Einstieg in den Beruf und ist schon von daher wenig aussagekräftig. Hinzu kommt, dass die verschiedenen Bildungssysteme international nur schwer vergleichbar sind. Die astronomisch hohen Akademikerquoten in vielen OECD-Ländern hängen mit dieser irreführenden Statistik zusammen. Um sich ein klares Bild verschaffen zu können, muss man einen Blick auf die konkreten Details werfen: Die OECD hat es jahrzehntelang versäumt, die Besonderheiten von Bildungssystemen mit nichtakademischen Ausbildungsberufen und solchen ohne diese Tradition zu berücksichtigen. In Folge dieser systematisch unterbliebenen Differenzierung fordert die OECD Länder mit niedriger Akademikerquote wie Deutschland und Österreich permanent dazu auf, ihre

Studierendenzahlen zu erhöhen.[109] Das aber, was bei uns als Ausbildungsberuf etabliert ist, wird in den USA meist über zweijährige Community Colleges mehr schlecht als recht an Qualifikation vermittelt. Tatsächlich können diese US-amerikanischen Abschlüsse mit den mitteleuropäischen nur selten hinsichtlich der Fachkompetenz ihrer Absolventen konkurrieren. Das ist den Personalmanagern, die sowohl diesseits wie jenseits des Atlantiks gearbeitet haben, sehr wohl bewusst.

In der Tradition der modernen, durch die Reformideen Wilhelm von Humboldts entwickelten und auf der vorausgegangenen Bildungsphilosophie Kants, Fichtes und Schleiermachers beruhenden Universität ist die Verkoppelung von Forschung und Lehre für das akademische Studium charakteristisch. Die Wissenschaftsorientierung gibt den Universitäten seitdem ihre Identität. Dies gilt nicht nur für die Humboldt-orientierten mittel- und südeuropäischen Länder, sondern interessanterweise auch für die USA. Die Lehrenden an Universitäten und Colleges unterscheiden dort scharf zwischen einem wissenschaftlichen Studium, das erst mit dem Masterstudium beginnt, und nichtwissen-

---

109 Das betrifft vor allem die sogenannten »OECD Briefing Notes für Deutschland«, die im Rahmen der Veröffentlichung der *Education at a Glance*-Studien veröffentlicht werden (siehe z. B. die Jahre 2004, 2005 und 2006). In jüngster Vergangenheit ist die Kritik zwar zurückgegangen, dennoch wurde der mit dem Hochschulpakt 2020 beschlossene verstärkte Ausbau von der OECD begrüßt (OECD-Ländernotiz zu *Education at a Glance 2013*), weil dadurch eine Anpassung der Akademikerquote an den OECD-Durchschnitt zu erwarten wäre.

schaftlichen, überwiegend vierjährigen, gelegentlich auch nur zweijährigen Bachelorstudiengängen (so liegt der Anteil für 2010 der zumeist zweijährigen *associate colleges* bei 41,4 % an allen US-Universitäten, während die *baccalaureate colleges* 17,4 % ausmachen).[110] »Akademische Bildung« ist durch ihre Orientierung an der Akademie, an der wissenschaftlichen Klärung von Erkenntnisfragen orientiert. Dies definiert akademische Bildung, nicht die Dauer des Verbleibs im Bildungssystem, wie es die irreführende OECD-Statistik tut. Ein Meisterabschluss ist mit einem Masterabschluss mindestens gleichwertig, wird aber wegen dieser Gleichwertigkeit nicht zu einem akademischen Abschluss.[111] Akademische Bildung kann schon vom Wortsinne her nur dort stattfinden, wo *akademia* ist, das heißt, wo es um die Klärung wissenschaftlicher Fragen geht. Auch wenn wissenschaftliche Erkenntnisse selbstverständlich auf allen Ebenen und in allen Formen des Bildungswesens eine Rolle spielen, von der Krippe bis zum Doktoranden-Kolleg, ist die vorschulische Bildung noch nicht »akademisch«, weil es für die Kinder nur in seltensten Ausnahmefällen um die Klärung wissenschaftlicher Erkenntnisfragen geht.[112] Gymnasiallehrer qualifizieren sich durch

---

110 Vgl. *Carnegie Classification of Academic Institutions*: http://www.nsf.gov/statistics/seind12/c2/c2s.htm#sb1, zuletzt aufgerufen am 10.06.2014.

111 Die OECD subsumiert diese Qualifikation (erfolgreiche Meisterprüfung) unter »tertiärem Sektor« – ein weiterer Beitrag zum anhaltenden Vergleich von Äpfeln mit Birnen, für den die OECD inzwischen berüchtigt ist.

112 Allerdings sind die Übergänge fließend. Auch vorschulische Kin-

ein Studium, das zu Teilen akademisch ist, in dem es um die Klärung wissenschaftlicher Erkenntnisfragen geht. Dies wird manchmal als Praxisferne der Gymnasiallehrerausbildung, die in unterschiedlichen Ländern unterschiedlich geregelt ist, kritisiert. Aber der Schulunterricht präsentiert feste, zu schulischem Stoff geronnene, wissenschaftliche Erkenntnisse und hat in der Regel nicht den Ehrgeiz, einen Beitrag zur wissenschaftlichen Erkenntnis selbst zu leisten. Auch der anspruchsvollste, durch eine akademisch gebildete Lehrkraft gehaltene Unterricht in einem anspruchsvollen Fach sollte nicht als ein Beitrag zur akademischen Bildung bezeichnet werden. Damit ist nichts über die Qualität dieser Bildungsinhalte ausgesagt. Diese sind nicht in irgendeiner Weise nachrangig gegenüber akademischer Bildung, vielmehr wäre in vielen Fällen eine Akademisierung der Bildung schon in den Schulen ein Beitrag zur Verunsicherung und Überforderung eines Großteils der Schülerinnen und Schüler.

Auf einem anderen Blatt steht, dass ich mir wünsche, dass auch die Diskussion genuin wissenschaftlicher Fragestellungen so früh wie möglich und an allen Bildungseinrichtungen eine größere Rolle spielt als heute: Um einen Einblick in eine der wichtigsten Quellen des technischen, sozialen und kulturellen Fortschritts zu ermöglichen und vor allem

---

der stellen wissenschaftlich schwierig zu klärende Fragen und bringen eine wissenschaftliche Neugierde mit. Diese zu fördern ist mir sogar ein großes Anliegen, daher die zusammen mit Nathalie Weidenfeld verfasste Anleitung zum Philosophieren mit Kindern: Nathalie Weidenfeld/JNR: *Der Sokrates-Club. Philosophische Gespräche mit Kindern*, München (2012).

um die eigene kritische Urteilskraft, das Ethos epistemischer Rationalität, zu schärfen.

Studiengänge, die analog etwa zum Gymnasialunterricht in der Oberstufe inhaltlich anspruchsvoll sind, aber keine wissenschaftliche Methodenkompetenz vermitteln und nicht der Klärung wissenschaftlicher Erkenntnisfragen dienen, sollten nicht als Teil der akademischen Bildung etikettiert werden. Von daher ist es schlichtweg irreführend anzunehmen, dass in den USA die Hälfte eines Jahrgangs seit Jahrzehnten aus Akademikern bestünde, lediglich weil diese einen College-Abschluss vorweisen können. Die Studiengänge an den Colleges, nicht nur an den Community Colleges, sondern auch an berühmten Universitäten, sind nicht akademisch. Nur 14 % aller Studierenden[113] in den USA tun dies an Einrichtungen, die nicht nur Lehre anbieten, sondern auch Forschungsleistungen erbringen. Damit liegt die Akademikerquote in den USA keineswegs, wie so häufig angegeben, bei über 40 %, sondern bei unter 10 %! Auch dies ist ein Beispiel für irreführende und möglicherweise auch in irreführender Absicht erstellte internationale Statistiken.

Universitäten sind definiert als Einrichtungen, an denen sowohl geforscht als auch gelehrt wird und an denen eine Einheit von Forschung und Lehre im Sinne eines wechselseitigen Bestimmungsverhältnisses besteht: An den Univer-

---

113 2009 waren lediglich 23 % aller Studierenden in den USA an *master's colleges/universities* eingeschrieben und sogar nur 14 % aller Studierenden an Universitäten, die einen Doktortitel vergeben dürfen und sehr stark in der Forschung vertreten sind (vgl. www.nsf.gov).

sitäten sollte alle Forschung in der einen oder anderen Form auch in die Lehre einfließen, also für die Studienangebote relevant sein. Die Angebote akademischer Bildung beruhen in der Regel auf eigener Forschungserfahrung der Lehrenden. Selbstverständlich ist nicht die gesamte Lehre an Universitäten akademisch: Es gibt propädeutische und begleitende Studienangebote wie Kurse zur Lösung von Differenzialgleichungen in der Physik oder Italienischkurse in der Kunstwissenschaft. Um diese nichtakademischen Anteile anzubieten, bedarf es nicht einer eigenen Forschungsleistung. Dementsprechend ist nichts dagegen einzuwenden, dass ein wachsender Teil des universitären Lehrpersonals sich nicht erst über eigene Forschung qualifiziert. Es spricht sogar viel dafür, diesen Anteil am Lehrkörper insgesamt auszuweiten, um die didaktische Qualität und die propädeutische Dimension zu stärken. Bei einigen Fachgebieten an den Universitäten stellt sich die Frage, ob sie (bzw. in welchem Umfang sie) einen Beitrag zur akademischen Bildung leisten. Die Qualifikation des Lehrpersonals über eigene Forschungsleistung korrespondiert dort nicht mit einer entsprechenden Gestaltung der Studieninhalte. Die Tatsache, dass ein Gutteil der Studierenden der Jurisprudenz ihre Prüfungsvorbereitung nichtakademischen Fachkräften aus der juristischen Praxis (Repetitoren) anvertrauen, spricht für diese Einschätzung im Fach Jurisprudenz. Ähnliches gilt vermutlich in noch höherem Umfang für die Betriebswirtschaftslehre. Auch das Fachhochschulstudium ist in der Regel kein wissenschaftliches Studium und sollte nicht unter akademischer Bildung subsumiert werden. Vielmehr ist es gerade die Stärke des

Fachhochschulstudiums, dass es ein hohes Maß an Anwendungsbezug aufweist, während es die Methodenkompetenz wissenschaftlicher Erkenntnisgewinnung nicht oder allenfalls am Rande behandelt. Dies korrespondiert damit, dass die Qualifikation der Lehrkräfte nicht über die Einheit von Forschung und Lehre erfolgt. Vielmehr wird erwartet, dass die Lehre (und die Administration) die Arbeitskraft als Ganze beanspruchen, daher das doppelte Lehrdeputat an Fachhochschulen im Vergleich zu Universitäten. Dies ist recht verstanden keine Privilegierung der Universitäten oder Benachteiligung der Fachhochschulen, sondern soll zum Ausdruck bringen, dass an den Universitäten etwa die Hälfte der Arbeitszeit der Forschung gewidmet sein soll, während dies von Fachhochschulprofessoren nicht erwartet wird. Die Tendenz der Angleichung beider Einrichtungen sollte man als Ausdruck eines Kampfes um Renommee verstehen und nicht als eine Umdefinition des Begriffs der akademischen Bildung. Tatsächlich spricht in meinen Augen nichts für eine weitere Angleichung von Fachhochschulen an Universitäten, da Fachhochschulabsolventen eine noch bessere Ausgangslage auf dem Arbeitsmarkt haben, die Absolventen von Fachhochschulen sich hoher Wertschätzung sicher sein können und es gerade das Alleinstellungsmerkmal der Fachhochschule ist, dass sie kein wissenschaftliches, sondern ein anwendungsbezogenes Studium vermittelt. Man hätte ein Gutteil der Expansion des tertiären Sektors in den 1960er und 1970er Jahren über einen Ausbau der Fachhochschulen organisieren müssen. Stattdessen hat man eine dramatische Überlastung der Universitäten zugelassen und schon damals ihr identitätsstiftendes Merkmal der Einheit von Forschung und Lehre in Frage gestellt.[114]

Die Bildungswelten sind nicht durch scharfe Dichotomien, sondern durch fließende Übergänge, durch graduelle Veränderungen und Akzentuierungen geprägt. Das sollte uns

---

114 Vor Jahren wurde ich einmal von dem im doppelten Sinne alt gewordenen *Bund Freiheit der Wissenschaft* eingeladen, meine Einschätzungen zum Bologna-Prozess vorzutragen. In der Diskussion sagte der frühere langjährige Kultusminister Bayerns, Prof. Dr. Hans Maier, man solle sich, wie es in der Bibel steht, »über einen, der umkehrt, mehr freuen, als über tausend Gerechte«. Er meinte damit, dass ich als Linksintellektueller natürlich früher eine beliebige Ausweitung des akademischen Sektors gefordert hätte, mich gegen die Einheit von Forschung und Lehre und die weitgehende Instrumentalisierung und Finalisierung der Wissenschaft gestellt hätte. Dies ist – nachweislich – nicht der Fall. Ich habe damals als Assistentensprecher und zuvor als Student die gleiche Haltung gehabt wie heute, die in beide Richtungen Kritik bereithält: Sowohl in die der elitären Abschottung als auch in die der Instrumentalisierung der Bildung. Unterdessen ist eher zu fragen, wie die früher in der Verteidigung des Wissenschaftsethos geeinten konservativen Kräfte nun klaglos die um sich greifende Instrumentalisierung und speziell Ökonomisierung von Wissenschaft und Studium hinnehmen. Es hängt offenbar immer sehr davon ab, welche Interessen die Instrumentalisierung treiben: Wenn diese Interessen »von links« für eine soziale Verantwortung der Wissenschaft und eine politische Steuerung plädieren, ist es schlecht. Wenn dagegen die Instrumentalisierung im Interesse eines globalen Marktes und der Verwertungsbedingungen von Unternehmen erfolgt, dann ist es gut, oder jedenfalls schweigt man dann besser. Ich war damals und ich bin heute der Auffassung, dass eine Instrumentalisierung von Bildung und Wissenschaft unter allen Vorzeichen inakzeptabel ist, und sehe mich darin von Art. 5 Abs. 3 des Deutschen Grundgesetzes gedeckt: »Kunst und Wissenschaft, Forschung und Lehre sind frei.«

nicht daran hindern, die Begriffe präzise zu verwenden und der Inflation »akademischer Bildung« entgegenzutreten. Akademisch gebildet ist, wer ein wissenschaftliches Studium absolviert hat, dessen Kriterium die Einheit von Forschung und Lehre ist. Mit akademischem Bildungsdünkel hat diese Definition nichts zu tun, wie hoffentlich in den bisherigen Ausführungen klargeworden ist.

Kapitel XIV

Das Scheitern des Bologna-Prozesses

Der vor fünfzehn Jahren eingeleitete Bologna-Prozess gefährdet die Substanz der Europäischen Universität, auch wenn seine ursprünglichen Ziele durchaus im Einklang mit den hier skizzierten humanistischen Bildungsidealen waren. Ich illustriere diese Gefährdungen anhand von fünf Fehlentwicklungen, die ich jeweils als Bologna-Irrtum bezeichne, da diese Fehlentwicklungen im Rahmen des Bologna-Prozesses auftreten, unabhängig davon, ob sie den ursprünglichen Intentionen der Bologna-Autoren entsprechen oder nicht.

Der erste Bologna-Irrtum besteht in der Unterscheidung von berufsfeld- gegenüber wissenschaftsorientierten Studiengängen. Die Grundidee der humanistischen Reform-Universität war gerade, dass dieser Gegensatz nicht besteht, dass Forschungs- und Wissenschaftsorientierung per se auch eine Berufsqualifizierung mit sich bringt, dass sie die Persönlichkeitsbildung fördert, Entscheidungsfähigkeit und Urteilskraft vermittelt, die dann auch außerhalb akademischer Berufe eine erfolgreiche Praxis ermöglicht. Es ist ein grober historischer – wie systematischer – Irrtum zu meinen, dass die Wissenschaftsorientierung der Humboldt'schen Reform-Universität darauf gerichtet war, lediglich wissenschaftlichen Nachwuchs zu produzieren. Die Neuhumanisten waren vielmehr davon überzeugt, dass die Konfrontation mit der Forschung für einige Jahre des Lebens eine Persönlichkeitsentwicklung ermögliche, die dann auch außerhalb akademischer Berufe zu erfolgreicher Verantwortungsübernahme befähigt. Es gibt hinreichend viele empirische Untersuchungen, die diese Idee stützen. Der eminente Erfolg der Geisteswissenschaften seit dem Verlust ihrer fast ausschließlichen Orientierung am Beruf des Gymnasiallehrers im Verlauf der letzten drei bis vier Dekaden ist einer dieser Belege. Während die damaligen Bildungsexperten ein akademisches Proletariat befürchteten, stellte sich heraus, dass die Vielen, die nun den neu geschaffenen geisteswissenschaftlichen Magisterabschluss anstrebten, erstaunlich problemlos in der Berufswelt integriert werden konnten. Die in der gleichen Zeit von der Wissenschaftspolitik hingenommene massive Überlastung insbesondere der geistes- und sozialwissenschaftlichen Studiengänge wurde in einer Art Notwehrreaktion der Universitäten mit einer schwach ausgeprägten Strukturierung und Betreuung der Studierenden beantwortet. Dies hat in der Tat zu skandalös hohen Abbrecherquoten in einer Vielzahl von geistes- und sozialwissenschaftlichen Studiengängen geführt und die Berufsfähigkeit insofern beeinträchtigt. Dass diesem Missstand abgeholfen werden musste, liegt auf der Hand. Der vernünftigste Weg, diesem Missstand abzuhelfen, hätte in einer deutlichen Anhebung der staatlichen Ausgaben für die Universitäten und dem massiven Ausbau der Fachhochschulen bestanden, um eine adäquatere Verteilung der Studierenden auf stärker anwendungsbezogene und verschulte Studiengänge zum einen und auf stärker forschungsorientierte zum anderen zu ermöglichen. Stattdessen wird nun ein Teil der Universitäten zu einer Art Berufsakademie umgebaut, die in ihren wissenschaftlichen Ansprüchen in der Regel deutlich unter den bisherigen Fachhochschulstudiengängen liegt und für die weder die Lehrenden noch die institutionellen Strukturen der Universitäten in Deutschland geeignet sind. Hier werden Fehler der Wissenschaftspolitik, die zum Teil in die späten 1960er und 1970er Jahre zurückreichen, in einer Weise korrigiert, die zumindest für die Geisteswissenschaften den Schaden noch vergrößert.

Der zweite Bologna-Irrtum besteht in dem hohen Maß an Verschulung der Bachelorstudiengänge, das offenbar in der Praxis der Umstellung deutscher Universitäten auf modularisierte Studiengänge im europäischen Vergleich besonders ausgeprägt ist. Dies bedeutet die Aufhebung der Einheit von Forschung und Lehre und die massive Einschränkung der Forschungsfreiheit, das heißt der Freiheit von »Kunst und Wissenschaft, Forschung und Lehre«, wie es im Grundgesetz, Art. 5, festgeschrieben ist. Diese Verschulung bedeutet für unterschiedliche Wissenschaftskulturen in den einzelnen Disziplinen sehr Verschiedenes. Während ein Studium der Philosophie ohne viele Stunden in den Bibliotheken kaum denkbar ist, ist umgekehrt ein Physikstudium mit dem Zwang, Bibliotheken schon in den frühen Semestern aufzusuchen, kaum vorstellbar. Für die eine Wissenschaft ist die Verschulung daher gängige Praxis, die erst in den letzten Semestern vor dem Diplom und dann für die Doktoranden aufgehoben wird, während Verschulung für die Philosophie, um dieses Beispiel zu nennen, eine verheerende Wirkung auf die Studierenden insgesamt hat. Sie verlernen im Vergleich zu früheren Generationen selbstständiges Denken und Arbeiten, sie gewöhnen sich an vorgekaute, zum Runterladen angebotene PDF-Häppchen, sie verlieren die Übersicht über die jeweiligen Œuvres der behandelten Klassiker, sie glauben, dass ein Philosophiestudium in erster Linie in der Aneignung von Wissensstoff und nicht im Selberdenken bestünde.

Der deutsche Magister kannte bisher zwei Nebenfächer und war daher generalistisch angelegt. Die gegenwärtig erfolgende hochgradige Spezialisierung ist demgegenüber als dritter Irrweg zu verstehen. Die Regelung des Ein-Fach-Bachelors mit der Möglichkeit, nach dem Bachelor ein anderes Fach zu wählen, das man dann innerhalb von vier Semestern mit einem Master abschließt, zerstört gerade die Stärken der europäischen Universität gegenüber der amerikanischen. Es war immer schon ein Missstand der US-amerikanischen Universitäten, einschließlich der Spitzenuniversitäten, dass die Studierenden dort etwa *Classics* studierten, ohne griechische und lateinische Originaltexte lesen zu können, dass sie über Immanuel Kant Doktorarbeiten schrieben, ohne Kant im Original zu verstehen, dass sie Kunstgeschichte studierten, ohne über Italienischkenntnisse zu verfügen, kurz, dass sie kurzatmig, aber in hohem Maße spezialisiert zu arbeiten gewohnt waren. Dies ist einer der Gründe, warum bis vor kurzem der europäische, speziell der deutsche oder französische Magister weit mehr galt als ein vergleichbarer US-amerikanischer Masterabschluss. Ja, bis in die 1970er Jahre hinein galt die Regel, dass der wirklich anspruchsvolle geisteswissenschaftliche Doktortitel nur an europäischen Universitäten, nicht an US-amerikanischen erworben werden kann. Die aktuelle Zerstörung dieses »Standortvorteils« der europäischen Universität ist nicht nur mutwillig und beruht vermutlich auf Unkenntnis der internationalen Situation, sondern bricht mit dem humanistischen Ideal der Persönlichkeitsbildung an der Universität.

Der vierte Bologna-Irrtum besteht in der zwangsläufigen Konventionalisierung der Lehrinhalte, die sich etwa aus den detaillierten Modul-Beschreibungen ergeben. Wer in Modul-Beschreibungen die Lehrziele und möglicherweise noch die relevante Literatur festschreibt, der verhindert genau das, was den Kern der modernen Europäischen Universität ausmachte, nämlich die konstitutive Rolle eigener Forschungserfahrungen für die Lehre. Wenn es egal wird, welcher Professor welche Lehrveranstaltung in welchem Modul anbietet, weil die Inhalte jeweils festgelegt sind, dann kann es notwendigerweise keinen Zusammenhang mehr zwischen den aktuellen Forschungs- und Publikationsprojekten und der jeweils angebotenen Lehre geben. Die Zeiten wären endgültig vorbei, die es erlaubten, sich bei seinen Studierenden für die zahlreichen Anregungen, die in die letzte Monographie eingeflossen sind, zu bedanken – zum Nachteil der Autoren, aber auch zum Nachteil der Studierenden.

Interessanterweise steht die Praxis des Bologna-Prozesses

nicht nur im Gegensatz zu den Prinzipien der modernen, humanistisch geprägten Europäischen Universität, sondern scheitert auch gemessen an seinen eigenen Zielen.

Die Förderung der Mobilität der Studierenden in Europa war ein richtiges Ziel des Bologna-Prozesses von Anfang an. Die Einführung des Erasmus-Programms[115] spielte eine Art Vorreiterrolle für den Bologna-Prozess, da dieses Programm nur Erfolg haben konnte, wenn die erbrachten Studienleistungen in unterschiedlichen europäischen Ländern auch jeweils wechselseitig anerkannt werden. Die Maßeinheit der ECTS-Punkte und die Vorgabe, in Modulen die jeweiligen Lernziele festzuhalten, sollten diese Vergleichbarkeit sicherstellen und damit die Mobilität der Studierenden erleichtern. An diesem Ziel gemessen, ist der Bologna-Prozess nicht nur in Deutschland, sondern europaweit ein Fehlschlag. Die unterschiedlichen Formen der Modularisierung von Studiengängen, die ganz unterschiedliche Punktevergabe durch ECTS, vor allem aber die mit der Umstellung auf modularisierte Studiengänge in den meisten europäischen Ländern – und wie schon gesagt: ganz besonders in Deutschland – einhergehende Verschulung haben die Mobilität nicht gefördert, sondern sogar dramatisch eingeschränkt. Im Rahmen der dreijährigen, zeitlich strukturierten, von Modulen, die wechselseitig aufeinander aufbauen, geprägten Studiengänge, ist

---

115 Das Erasmus-Programm wurde 1987 ins Leben gerufen, um die Mobilität von Studenten und Dozenten an den europäischen Hochschulen zu befördern (siehe z. B. »Happy birthday, ERASMUS! Die Erfolgsgeschichte der Europäischen Union feiert ihr 25-jähriges Bestehen«, in *DAAD euroletter* 2012).

ein vorübergehender Wechsel an eine andere Universität sehr schwer geworden, weit schwieriger als zuvor. Wenn hier keine drastische Reform der Reform folgt, ist zu erwarten, dass in Zukunft Studierende vor Abschluss ihres Bachelors nur in den seltensten Fällen an andere Universitäten ins Ausland wechseln.

Die Verteidiger des Bologna-Prozesses halten dem entgegen, dass es ja nicht so sehr auf die »horizontale«, sondern auf die »vertikale« Mobilität ankomme, dass es ausreiche, wenn nach dem Bachelor und gegebenenfalls nach dem Master und vor Aufnahme des PhD-Studiums ein Wechsel nicht nur möglich, sondern auch gefördert wird. Angesichts der Tatsache, dass es zumindest das Ziel in Deutschland und in den meisten europäischen Staaten ist, das Gros der Studierenden mit dem Bachelor berufsfertig auf den Arbeitsmarkt zu entlassen, ist diese Verteidigung an Zynismus kaum zu überbieten. Dies hieße nämlich, dass entgegen der ursprünglichen Zielsetzung, den Studierenden an europäischen Universitäten generell Mobilität zu ermöglichen und diese durch unterschiedliche Programme zu fördern, was ganz unabhängig von der späteren Berufstätigkeit von großer Bedeutung ist und auch der Persönlichkeitsentwicklung dient, Mobilität nun neu definiert wird, nämlich auf den Teil der Studierenden eingeschränkt, die ein genuin wissenschaftliches Studium in Gestalt eines M. A.-Studiums fortsetzen und dann als Mitglieder eines Graduierten-Kollegiums die Wissenschaft zum Beruf machen, also zum wissenschaftlichen Nachwuchs gehören. Diese elitäre Einschränkung der Mobilität auf den Teil, der über den Bachelor hinaus weitere akademische Qualifikationen anstrebt, steht nicht nur in deutlichem Kontrast zu den ursprünglich bekundeten Zielsetzungen eines einheitlichen europäischen Hochschulraums mit einem hohen Maß an Mobilität für alle Studierenden, sondern ist auch unter bildungs- und arbeitsmarktpolitischen Gesichtspunkten inakzeptabel. Angesichts der Europäisierung und Internationalisierung des Arbeitsmarktes ist es für alle Studierenden von hohem Wert, während ihres Studiums Freiräume nicht nur der eigenen Lebensgestaltung, sondern auch des Ortswechsels zu haben, um während des Studiums eine Fremdsprache lebensweltlich zu vertiefen und anspruchsvoll kommunizieren zu können. Wenn diese Möglichkeit dem Gros der Akademiker auf Dauer vorenthalten wird, müsste der Bologna-Prozess als Ganzer als gescheitert gelten.

Das Projekt der europäischen Integration kann nur Erfolg haben, wenn die wechselseitige Wahrnehmung der Nachbarkulturen und Bildungstraditionen weit über das heute Übliche hinaus vertieft wird. Eine monozentrische Ausrichtung der europäischen Bildungskulturen auf die USA würde Europa als Ganzes marginalisieren und das Projekt der europäischen Integration auch wissenschaftspolitisch gefährden. Die europäische Wissenschafts- und Bildungstradition ist reichhaltig, sie kann in ihrer Vielfalt und in ihrer Größe, was die Zahl der Studierenden und Lehrenden angeht, mit den US-amerikanischen konkurrieren, mit Schwächen in der Spitze, aber mit Stärken in der Breite. Dies setzt aber voraus, dass die europäische Integration auch für das Gros der Studierenden konkret erfahrbar ist.

Die bisherigen Studienabschlüsse in Deutschland, insbesondere das Diplom in den Natur- und Technikwissenschaften sowie der Magister in den geisteswissenschaftlichen Fächern, waren international nicht nur anerkannt, sondern in hohem Maße respektiert. In einer ganzen Reihe geisteswissenschaftlicher Fächer, wie etwa der Geschichte, den Altphilologien, auch der Philosophie, gilt das Studium in Deutschland und die dabei erworbenen oder vorausgesetzten Sprachkenntnisse als besonders anspruchsvoll. Dies schlägt sich auch darin nieder, dass in einigen europäischen Nachbarstaaten es in solchen Fächern empfohlen ist, Deutsch so weit beherrschen zu lernen, dass man deutschsprachige Fachliteratur lesen kann. Durch die Verkürzung der Studienzeit in fast allen deutschen Bundesländern bis zur Hochschulreife von dreizehn auf zwölf Schuljahre (Verkürzung des Gymnasiums auf acht Schuljahre) und der Festlegung auf dreijährige Bachelorstudiengänge – eine Festlegung, die nirgends von den Bologna-Richtlinien vorgeschrieben war – wird nun der deutsche Bachelorabschluss schon nach 15 Jahren erreicht, während er in den USA erst nach 16 Jahren erreicht wird. Dies gibt den US-amerikanischen Universitäten die Möglichkeit, sich gegen die gefährliche (Billig-) Konkurrenz aus Deutschland dadurch zu schützen, dass die Bachelorabschlüsse in Deutschland in der Regel nicht an amerikanischen Universitäten als einem amerikanischen Bachelor gleichgestellt anerkannt werden. Hier ist das letzte Wort noch nicht gesprochen, und es wird wohl auch keine US-weite Regelung geben. Die amerikanischen Universitäten und Fakultäten entscheiden hier weitgehend autonom.

Wenn es dabei bleibt, dann war die simultane Verkürzung der Schulzeit und die Festlegung auf einen dreijährigen Bachelor (ohne Not) ein kapitales Eigentor der deutschen Wissenschaftspolitik.

Der Bologna-Prozess soll zu einer stärkeren Integration des europäischen Hochschulraumes beitragen und war seinerseits eine Reaktion auf EU-Austauschprogramme, insbesondere Erasmus. Der Studienaustausch innerhalb Europas wurde über Jahre hinweg durch unterschiedliche Studieninhalte und Studienorganisationen behindert, die einheitliche Bewertung von Studienleistungen in ECTS-Punkten und die Vereinheitlichung der Studienabschlüsse sollte hier Abhilfe schaffen. Tatsächlich zeigen die jetzt vorliegenden empirischen Befunde, dass die Umstellung auf die neuen Studienabschlüsse, die Bewertungen mit ECTS-Punkten und die Modularisierungsformen in Europa sehr unterschiedlich vorgenommen wurden, sodass das Integrationsziel in bildungspolitischer Hinsicht verfehlt wird. Die Beteiligung Großbritanniens und die Unwilligkeit Großbritanniens, am eigenen Studiensystem etwas zu ändern, hat zudem eine eigenständige Profilierung des europäischen Bildungs- und Wissenschaftsraumes im Hochschulsektor blockiert. Ein Beitrag zu einem einheitlichen europäischen Hochschulraum wäre nur in deutlicher Profilierung und Eigenständigkeit dieses Hochschulraumes im Vergleich zu anderen internationalen Hochschulräumen möglich gewesen.

Das beginnt bei der Titulierung der Abschlüsse. Die nun durchgängig üblichen amerikanischen Bezeichnungen sind Indiz für eine Orientierung des Bologna-Prozesses am

US-amerikanischen Vorbild, taugen aber keineswegs, um einen einheitlichen europäischen Hochschulraum in Konkurrenz zu anderen zu schaffen. Die etablierten und renommierten kontinentaleuropäischen Abschlüsse Magister, Diplom- und Staatsexamen hätten beibehalten und gegebenenfalls mit einer lateinischen vereinheitlichten Benennung komplettiert werden sollen. Die Spielräume, die die Bologna-Vorgaben in diese Richtung gegeben haben (lateinische Bezeichnungen), wurden fast überall in Europa nicht genutzt. Nur ein Vereinheitlichungswille, eine leitende Idee, den europäischen Hochschulraum gegenüber anderen zu profilieren, hätte diese Fehlentwicklung verhindern können. Das hohe Maß an Bürokratisierung und Verschulung, das gegenwärtig mit der Umstellung auf modularisierte Studiengänge auch in denjenigen Fächergruppen zu beobachten ist, die bislang wenig strukturiert waren, die in hohem Maße auf Selbststudium setzten und die Leistungskontrolle erst gegen Ende des jeweiligen Studiums vorsahen, behindert sogar gegenwärtig ganz offenkundig die größere Vernetzung, den Austausch von Studierenden in Europa und damit die europäische Bildungsintegration. Die Bereitschaft der Studierenden, während ihres Bachelorstudiums in ein anderes europäisches Land zu wechseln und dort ihr Studium fortzusetzen, nimmt gerade in denjenigen Fächergruppen ab, die bislang durch ein relativ hohes Maß an innereuropäischer Mobilität geprägt waren, wie etwa Romanistik oder Kunstgeschichte. Die Umstellung auf modularisierte Studiengänge nach dem Bologna-Muster hat also ziemlich genau das Gegenteil des Beabsichtigten in diesen Fächergruppen zur Folge.

Kapitel XV

Vielfalt der Wissenschaftskulturen

Interessanterweise gibt es an den Fachhochschulen kaum Kritik an der Modularisierung der Studiengänge, an ihrer Verschulung und Normierung. Auch für Fächer wie Betriebswirtschaftslehre, Volkswirtschaftslehre, neue Masterstudiengänge wie Kulturmanagement etc. wird dieses Format klaglos akzeptiert. In den Geisteswissenschaften dagegen wird die Umstellung auf die Bologna-Studiengänge oft als geradezu zerstörerisch empfunden. Nicht nur deswegen, weil kleinere Fächer dadurch in Existenznöte geraten sind, sondern weil das Studienformat als solches mit der geisteswissenschaftlichen Fachkultur schwer verträglich ist. Kleine geistes- und kulturwissenschaftliche Fächer kämpfen seitdem ums Überleben, und vor allem von Seiten der Lehrenden wird das hohe Maß an Verschulung beklagt. Für den Außenstehenden vermutlich überraschender ist, dass auch die Natur- und Technikwissenschaften unter dieser Umstellung leiden bzw. sich einer konsequenten Umsetzung verweigern.

Wir sollten diese Unterschiedlichkeit der Reaktionen zunächst als Indiz für divergente Wissenschaftskulturen interpretieren. So sind die Gründe für den Widerstand aus den Geistes- und Naturwissenschaften ganz unterschiedlicher Natur, und die weitgehende Akzeptanz in den ökonomischen und managementorientierten Fächern zeigt, dass diese sich in der Humboldt-Universität nie wirklich heimisch gefühlt haben. In der Tat: Man kann mit einigem Recht sagen, dass die Humboldt-Universität der Philosophie und den Geisteswissenschaften insgesamt eine besondere Rolle beimaß. Nicht im Sinne der Herabsetzung der Naturwissenschaften, aber in Gestalt eines Wissenschaftsethos, das der geisteswissenschaftlichen Fächerkultur näherstellt als der natur- und technikwissenschaftlichen, vor allem aber im Vergleich zu den berufsorientierten Disziplinen wie Jurisprudenz, Betriebswirtschaftslehre, Medizin etc.

Worin äußert sich diese implizite Präferenz? Da ist zum einen die konstitutive Verbindung von Forschung und Lehre. In den Geisteswissenschaften ist es möglich, einen wichtigen Teil der Lehre ganz überwiegend an der eigenen Forschung auszurichten. Auch dort sind propädeutische Kurse erforderlich, etwa Einführung in die Logik (in der Philosophie) oder Kenntnisse der italienischen Sprache (in der Kunstgeschichte), aber der Zugang zum Fach kann schon in frühen Semestern über Forschungsfragen gefunden werden. Dies ist auf ein Fach wie etwa die Physik als Grundlagenfach der Naturwissenschaften so nicht übertragbar. Nicht erst heute, sondern schon seit hundert Jahren gibt es einen kanonischen Wissensbestandteil sowohl in theoretischer als auch in angewandter Physik, und dieser stützt sich auf allgemein anerkannte, unumstrittene Theorien und experimentelle Befunde, die eine Generation nach der anderen im Physikstudium nachvollziehen und lernen muss. Während Magisterarbeiten in den Geisteswissenschaften in der Regel keinen Forschungsbeitrag leisten, ist dies bei Diplomarbeiten oft schon anders, da sie in der Regel im Rahmen größerer Forschungsprojekte der physikalischen Lehrstühle angefertigt werden. In beiden großen Fachbereichen, sowohl in den Geistes- als auch in den Naturwissenschaften, ist die Anfertigung einer Doktorarbeit eine anspruchsvolle Forschungsleistung. Dies ist in den berufsorientierten Studiengängen anders: Die Promotion in der Medizin erfolgt meist aufgrund einer Arbeit, die nicht im Entferntesten an die Qualitätskriterien in den Geistes- und Naturwissenschaften heranreicht. Die »Doktorarbeit« in der Medizin entspricht oft nicht einmal dem wissenschaftlichen Niveau einer geisteswissenschaftlichen Seminararbeit. Auch das Studium der Jurisprudenz ist zum ganz überwiegenden Teil nicht forschungsorientiert. Die anspruchsvollen und streng benoteten juristischen Staatsexamina prüfen keine Qualifikation zur juristischen Forschung. Wir haben hier also das interessante Phänomen einer historischen Langzeitwirkung: Die Universität vor Humboldt war ganz überwiegend berufs- oder, man könnte auch sagen, ausbildungsorientiert, sie war nicht wissenschafts- und forschungsorientiert. Die Humboldt'sche Reform-Universität macht zum Identitätskern die Wissenschaftsorientierung und damit die Philosophie und die aus ihr hervorgehenden Geistes-, Natur- und Sozialwissenschaften zur Königswissenschaft, während die berufsbildenden Bereiche, die zuvor die zentralen waren, sich jetzt erst durch ihre Forschungsleistungen als Universitätsdisziplinen qualifizieren müssen. Als bloße Ausbildung zu bestimmten Berufen wären sie ein Fremdkörper in der Humboldt-Universität geworden und hätten folgerichtig an Berufsakademien oder an die späteren Fachhochschulen verlagert werden müssen. Bis zur Bologna-Reform gab es immer wieder Stimmen, die genau das forderten, nämlich die ganz auf Berufsausbildung orientierten Studiengänge wie BWL oder Jurisprudenz zu wesentlichen Teilen an die Fachhochschulen zu verlagern oder zu eigenständigen *Schools* zu machen. Die Münchner juristische Fakultät hat dies sogar angedroht für den Fall, dass ihr das Staatsexamen genommen und sie zur Umstellung auf modularisierte Studiengänge gezwungen würde.

Die aktuelle Krise der akademischen Bildung ist zu einem großen Teil der Rücksichtslosigkeit geschuldet, mit der über die Unterschiedlichkeit der Fächerkulturen hinweggegangen wurde. So ist ein geisteswissenschaftliches Studium ohne die – zugegeben manchmal mühsame – Lektüre von Büchern nicht zu bewältigen. Die Bologna-Reform hat jedoch die sogenannten Kontaktzeiten zwischen Lehrenden und Studierenden in den Geistes-, Kultur- und Sozialwissenschaften verdoppelt bis verdreifacht, das heißt, die Studierenden sitzen zwei- bis dreimal so lange in Kursen (Vorlesungen, Seminaren, Tutorien etc.), was zur Folge hat, dass sie für das Selbststudium nur noch wenig Zeit erübrigen können. Studierende reagieren darauf – pragmatisch durchaus vernünftig –, indem sie von den Lehrenden verlangen, dass ihnen die Lektüren in Gestalt von PDF-Häppchen gewissermaßen mundgerecht zur Verfügung gestellt werden. Damit vermeiden sie Zeitaufwand, damit vermeiden sie den Gang in die Bibliotheken, die mühsame Suche nach den relevanten Stellen in dickeren Büchern. Zugleich aber verlieren sie so den Zugang zum studierten Fach. Die immer schon bei schwächeren Studierenden anzutreffende Neigung, statt auf Primärtexte mit ihrer oft sprachlich weniger leicht zugänglichen Gestalt, manche in altdeutscher Schrift gedruckt, auf übersichtliche Texte aus der Lehrbuch- und Sekundärliteratur zurückzugreifen, hat sich massiv verstärkt. Unterdessen gibt es Vorlesungen in den Geisteswissenschaften, die ausschließlich handliche Lehrbücher, schulbuchartig aufbereitet und mit Hervorhebungen des zu merkenden Stoffes, zugrunde legen. Das, was dann gelernt und gegebenenfalls abgefragt wird, ist aber nicht wirklich verstanden. Es ist nur zu Lehrbuchwissen Verfestigtes, es ist ein Stoff, der als Resümee der Lektüre von Originaltexten sinnvoll ist, nicht aber als deren Ersatz.

Die Modularisierung verlangt einen strikten Aufbau des Studiengangs: Ein Modul folgt auf das andere, und die Inhalte müssen so standardisiert sein, dass unterschiedliche Lehrende in etwa die gleichen Leistungsanforderungen und die gleichen Inhalte vermitteln. Damit wird den Lehrenden die Möglichkeit genommen, individuelle Forschungsinteressen mit ihren eigenen Lehrveranstaltungen zu verbinden. Ich habe mich an drei unterschiedlichen Fakultäten in der Rolle des Direktors oder des Dekans massiv dafür eingesetzt, dass dieser Unfug unterbunden wird, da er für die geisteswissenschaftliche Fächerkultur verheerend ist. Zu Beginn wurde mir entgegengehalten, dass dies unmöglich ist. Das sei nun mal die neue Zeit der modularisierten Studiengänge. Die Kontaktzeiten würden sich zwangsläufig um das Zwei- bis Dreifache erhöhen, die Studierenden hätten keine Zeit mehr zur eigenständigen Lektüre, die Inhalte müssten, schon aus rechtlichen Gründen, in den Modulbeschreibungen so fixiert werden, dass standardisiert Wissen vermittelt wird. Die meisten meiner Kolleginnen und Kollegen haben sich weggeduckt, ältere, kurz vor der Emeritierung stehende haben sich echauffiert, wohl wissend, dass sie selbst nicht mehr von der Misere betroffen sein würden. Das Interessante für mich persönlich war, dass mein Widerstand am Ende Erfolg hatte. Sowohl an der Universität Göttingen (Konzept des Studiengangs Philosophie) wie an der Universität München (Konzept des Studiengangs des Geschwister-Scholl-Instituts und dann später der Philosophie an der Fakultät 10) war es möglich, ein hohes Maß an Liberalisierung gegenüber den ursprünglichen Vorgaben zu erreichen. Ich habe sogar den Opfergang einer von vornherein aussichtslosen Präsidentschaftskandidatur auf mich genommen, um den Druck zu erhöhen. Dies war insofern erfolgreich, als die Münchner Hochschulleitung dann die verkorksten Studiengänge kurz vor der Präsidentschaftswahl von Fakultät zu Fakultät den Wünschen von Lehrenden und Studierenden angepasst hat und je nach Fächerkultur ein hohes Maß an Liberalisierung gegen die Verwaltung durchsetzen konnte. Auch wenn dies von außen anders aussehen mag, für mich war dieser Opfergang in dieser Hinsicht ein voller Erfolg, von dem die Studierenden bis heute profitieren. Unterdessen hat sich auch herumgesprochen, dass andere Universitäten in Europa die

Vorgaben der Bologna-Reform weit flexibler und weniger verwaltungsorientiert angegangen sind. So sind zum Beispiel die berühmten Kontaktzeiten abhängig von der entscheidenden Stellschraube der ECTS-Punkte, die man einer Stunde Lehrveranstaltung zumisst. Je höher diese ECTS-Bepunktung ist, desto geringer fallen die Kontaktzeiten für die Studierenden aus, umso mehr Spielraum bleibt ihnen also für das Eigenstudium. Es ist überhaupt nicht einzusehen, hier eine Normierung über alle Fächer vorzunehmen. Niemand erwartet von BWL-Studierenden, dass sie Stunden in der Bibliothek zubringen, um Klassiker der Ökonomie aus dem 18. Jahrhundert zu lesen. Genau dieses muss man aber von Studierenden der Philosophie erwarten: Klassiker lesen. Niemand erwartet von Physikstudenten, dass sie sich die Originalschriften von Einstein besorgen, aber ein Studium der Germanistik ohne Lektüre der Originaltexte ist völlig sinnlos.

Es sind nicht die Ziele der Bologna-Reform als solche, sondern es ist der Versuch zu kritisieren, zu nivellieren und zu normieren, die Unterschiedlichkeit der Fächerkulturen einzuebnen, die mit der Humboldt-Universität aufgegebene Berufsorientierung auch dort wieder durchzusetzen, wo diese der betreffenden Fachkultur fremd ist (das betrifft so gut wie den gesamten Bereich der Geistes- und Kulturwissenschaften) und die Reform vor allem auch unter dem Aspekt der Verkürzung des Studiums anzugehen.

Der ursprüngliche Plan war, dass das Gros der Studierenden nach einem dreijährigen Bachelorstudium (zu Beginn der Bologna-Reform wurde regelmäßig 80 % als Zielmarke genannt) auf den sogenannten »akademischen« Arbeitsmarkt gehen sollte. 20%, so wurde im Einklang mit US-amerikanischen Erfahrungen erwartet, würden weiterstudieren (ein Masterstudium aufnehmen), und von denjenigen, die die Universität zunächst verlassen, würden noch einmal 20% im Laufe ihres Lebens zu einem Studium an eine Universität zurückkehren. Es ist genau umgekehrt gekommen: Knapp 80% aller Studierenden beabsichtigen, nach ihrem Bachelorstudium das Studium fortzusetzen, mit der paradoxen Folge, dass das Studium (auf dem Papier) nicht mehr vier Jahre (wie ein Magisterstudiengang üblicherweise konzipiert war), sondern fünf Jahre dauert (drei Jahre Bachelorstudium und zwei Jahre Masterstudium).[116] Die Bachelorabsolventen sind selbst in hohem Maße verunsichert, ob dies für ihre Berufstätigkeit wirklich ausreicht (dies erklärt ja die niedrigen Zahlen derjenigen, die beabsichtigen, schon nach dem Bachelorstudium einen Beruf aufzunehmen). Die Wirtschaft tut sich schwer, die Bachelorabsolventen einzugruppieren, und die kulturelle Prägekraft eines Studiums bis Mitte 20 wirkt offenbar entgegen allen bildungsplanerischen Volten bis in die Gegenwart.

Da zugleich fast flächendeckend (mit Ausnahme von Rheinland-Pfalz) die Hochschulreife schon nach zwölf anstatt zuvor nach 13 Jahren erreicht wurde (durch Verkürzung des Gymnasiums) und sich der Schulbeginn ebenfalls deutlich

---

116 Nach einer Studie des Hochschulinformationssystems lag die Übergangsquote vom Bachelor zum Master 2012 bei 62%, und den Wunsch, einen Masterstudiengang zu beginnen, hatten weitere 10% der Bachelorabsolventen (vgl. Christoph Heine, *Übergang vom Bachelor- zum Masterstudium*, in: HIS: Forum Hochschule, Nr. 7 [2012], S. 13).

nach vorne verlagert hat, beginnen heute viele schon mit 17 Jahren ihr Studium. Dies hat eine stärkere Veränderung zur Folge, als wohl alle Bildungsplaner gedacht haben. Ohnehin scheint sich die Adoleszenzphase verlängert zu haben (trotz oder gegenläufig früherer physischer Reifung), sodass man nun die Eltern mit ihren Sprösslingen bei den Einschreibeterminen sieht und humorvolle Kolleginnen und Kollegen von einer Art Übergabeprozedur der Jugendlichen von den Eltern an die Alma Mater sprechen. Die in Europa oft belächelte Praxis US-amerikanischer Colleges, auf die Trennung der Geschlechter in den *dormitories* großen Wert zu legen und die Erstsemester behutsam aus dem familiären Schutzraum in die Eigenverantwortung zu führen, wird nun auch zunehmend Alltag an deutschen Hochschulen. Ob dies wirklich einen Fortschritt darstellt, sei dahingestellt. Jedenfalls zeigt sich eine erstaunliche Widerständigkeit gegen den Beschleunigungstrend in der Bildung, und immer mehr Länder bieten die Rückkehr zu einer dreizehnjährigen Schulbildung an. Wenn man Umfragen glauben kann, meinen fast 80 % aller Eltern von Kindern an Gymnasien, dass die Verkürzung der Gymnasialzeit ein Fehler war.

Diese Beschleunigung hat aber auch gravierende Auswirkungen für die Wissenschaftskultur an den Universitäten. Während man früher zumindest nach einer Gymnasialzeit von neun Jahren davon ausgehen konnte, dass eine Hochschulreife nicht nur auf dem Papier besteht, ist das angesichts der Vielfalt der Wege zur »Hochschulzugangsberechtigung« und der Verkürzung der Schulbildung so nicht mehr gegeben. Die Universitäten sind damit in etwa in der gleichen Situation wie die US-amerikanischen hundert Jahre zuvor, das heißt, sie müssen die Hochschulreife erst selbst herstellen und folgerichtig die ersten Studienjahre zu einer verlängerten Schulzeit machen. Zugespitzt formuliert, hat die deutsche Bildungspolitik die Schulzeit um ein Jahr verkürzt, um sie dann um drei Jahre zu verlängern. 17-Jährige, die schon mangels zeitlicher Ressourcen im Gymnasialunterricht oder in den Fachoberschulen nicht die Möglichkeit hatten, eigenständiges Denken und Urteilen zu lernen, wären in der Tat von einem im engeren Sinne wissenschaftlichen Studium überfordert. Die Folge ist, dass das wissenschaftliche Studium erst mit dem Masterstudium beginnt. Langsam wird wohl allen Beteiligten klar, dass dies mit einem massiven Qualitätsverlust verbunden ist. Ein zweijähriges Masterstudium kann selbstverständlich nicht in der Gründlichkeit in die jeweilige wissenschaftliche Disziplin einführen, wie dies ein vier- oder fünfjähriges Diplom- oder Magisterstudium leisten konnte. Die hohe internationale Anerkennung eines Diplomabschlusses in den Naturwissenschaften oder eines Magisterabschlusses in den Geisteswissenschaften hing gerade damit zusammen: Dieses gediegene wissenschaftliche Studium von vier, fünf oder sechs Jahren konnte das US-amerikanische Hochschulwesen nicht leisten. Dort beginnt das wissenschaftliche Studium erst mit dem Masterstudium und dann für den wissenschaftlichen Nachwuchs mit einer sehr gründlichen, der deutschen Praxis weit überlegenen Phase der Promotion, die dort üblicherweise fünf bis sechs Jahre dauert, während sie in Deutschland – ausweislich der Promotionsstipendien – auf zwei bis drei

Jahre angelegt ist. Ich bin sicher, dass ein sorgfältiger internationaler Vergleich zweifellos den Befund ergeben hätte, dass ein Absolvent eines Diplom-Physikstudiums in Deutschland im Durchschnitt weit besser qualifiziert ist als ein Masterabsolvent in den USA. Gleiches galt für ein zweijähriges geisteswissenschaftliches US-Masterstudium im Vergleich zu einem vier- oder fünfjährigen geisteswissenschaftlichen Magisterstudium in Deutschland. Wir haben also einen Konkurrenzvorteil in zwei großen disziplinären Bereichen (Natur- und Geisteswissenschaften) gegen einen internationalen Rückstand eingetauscht. Diese weitere bildungspolitische Eselei hätte man sich ersparen können, da die Bologna-Reform ausdrücklich einen sechs-, sieben- oder achtsemestrigen Bachelorstudiengang vorsah. Als ich den Vorschlag einer solchen Option an meiner Universität machte, fand er zwar die einhellige Zustimmung aller geisteswissenschaftlichen Kollegen in der betreffenden Arbeitsgruppe, wurde aber von der Hochschulleitung als undurchführbar abgelehnt. Unterdessen hat sich das Blatt gewendet, es gibt vereinzelt auch achtsemestrige Bachelorstudiengänge, allerdings kam diese Einsicht zu spät, da das Konzept von nun flächendeckend dreijährigen Bachelorstudiengängen weitestgehend festgeschrieben ist. In manchen geisteswissenschaftlichen Fächern bedeutet dies, dass allein die Erarbeitung propädeutischen Wissens, etwa Hebräischkenntnisse in der Theologie, Logik in der Philosophie oder Italienisch in der Kunstgeschichte (um bei den oben genannten Beispielen zu bleiben), schon ein Gutteil der Bachelorstudienzeit in Anspruch nimmt.

Besonders dramatisch ist der Fall in den Ingenieurwissenschaften und den exakten Naturwissenschaften. In einem zweijährigen Masterstudium kann das gewohnte Niveau fachlicher Qualifikation unter keinen Umständen erreicht werden. Daher standen diese Fächer vor der Alternative, entweder – dem Bologna-Geist entsprechend – abzuwracken und auf das Niveau US-amerikanischer Studiengänge zu reduzieren oder – entgegen dem Bologna-Geist – an einem zusammenhängenden Studium von wenigstens fünf Jahren festzuhalten. Die technischen Universitäten und die meisten naturwissenschaftlichen Fakultäten haben sich in Deutschland gegen den Bologna-Geist entschieden. Die Bildungspolitiker sollten dies nicht kritisieren, wie das immer wieder geschieht, sondern dankbar sein, dass auf diese Weise eine Dequalifizierung in der Breite, noch dazu in diesem sensiblen Bereich von Technik und Naturwissenschaft, trotz Bologna nicht eingetreten ist.

Kapitel XVI

Europäisierung und Globalisierung akademischer Bildung

Auch diejenigen, die der vorgebrachten Kritik an Fehlentwicklungen der akademischen Entwicklung in Deutschland zu großen Teilen zustimmen, werden mir aber vermutlich entgegenhalten: All diese Überlegungen gehen letztlich ins Leere angesichts der notwendigen Europäisierung und Globalisierung akademischer Bildung. Ich kann diesen Einwand nachvollziehen. Muss es nicht unser Bestreben sein, die Bildungssysteme international so weit vergleichbar zu machen, dass nicht nur ein problemloser Wechsel ins Ausland während des Studiums, sondern auch die Arbeitsaufnahme im europäischen und außereuropäischen Ausland für Akademiker problemlos ist? Für dieses Ziel, so könnte man den Einwand fortführen, müssen eben Opfer gebracht werden, und zu diesen Opfern gehört, das eine oder andere grundsätzlich wünschenswerte Spezifikum des deutschen Bildungssystems aufzugeben.

Bevor ich auf diesen Einwand detaillierter eingehe, eine wichtige Beobachtung: Ziel der Bologna-Reform war es, wie ich hervorgehoben habe, insbesondere im europäischen Raum ein höheres Maß an Mobilität und Vergleichbarkeit der Abschlüsse und Studienleistungen zu ermöglichen. Die Erfahrungen mit dem Erasmus-Programm waren insofern ein Auslöser der ersten Vereinbarungen europäischer Bildungs- und Wissenschaftsminister. Es gehört zu den Paradoxien der Bologna-Reform, dass das Gegenteil erreicht wurde: In den Jahren des Bachelorstudiums ist ein Wechsel ins Ausland ohne Zeitverlust so gut wie ausgeschlossen, während dies früher viel leichter zu bewerkstelligen war. Da das Studium in ganz Europa, mit Ausnahme vielleicht Großbritanniens, sehr viel reglementierter geworden ist, ist die Anerkennung von Studienleistungen bürokratischer und schwieriger geworden. Dies ist also gründlich schiefgegangen. Erreicht wurde nicht eine größere Vergleichbarkeit von Studienleistungen und damit eine Förderung der Mobilität innerhalb Europas, sondern das Gegenteil, nämlich eine größere Unterschiedlichkeit der jeweiligen Erfordernisse durch festgeschriebene Modularisierungen und einen größeren Aufwand der Anerkennung von Studienleistungen aufgrund der Verschulung und Bürokratisierung des Bachelorstudiums generell.

Abgesehen von solch eindeutigen Daten ist die Sachlage jedoch weit komplexer als meist angenommen. Innerhalb Europas gibt es eine große Bandbreite ganz unterschiedlicher Traditionen akademischer Bildung. Das französische, das britische und das deutsche Universitätssystem – um nur drei Beispiele zu nennen – unterscheiden sich nicht nur im einen oder anderen Detail voneinander, sondern ganz

grundlegend. In Frankreich gibt es die Tradition der napoleo-
nischen Schulen, der *grandes écoles*, was schon von der Wort-
wahl her eine Verschulung des Studiums erkennen lässt. Die
Modularisierung war in Frankreich immer schon realisiert
(Studienleistungen während des Studiums gehen in die End-
note mit ein) und die Forschungsorientierung weit geringer
ausgeprägt. Hinzu kommt das durchaus nicht unproblematische Element der Elitenbildung über einige wenige *grandes
écoles,* die etwa mit Verwaltungshochschulen vergleichbar
sind und mit rigorosem Selektions- und Prüfungsdruck auf
ein herausgehobenes Amt in der Verwaltung, der Politik
oder auch in der Unternehmensführung vorbereiten. Man
könnte sagen, die Spitze der Bildungspyramide wird dort von
anspruchsvollen Eliteschulen (Schulen im Wortsinne) gebildet und nicht von Forschungsexzellenz wie in der Humboldt-
Tradition. Das italienische Universitätssystem ist eher Hum-
boldt-orientiert (man könnte auch sagen in der preußischen
und dann deutschen Tradition), mit Einschlägen der napoleo-
nischen, französischen in Gestalt der Eliteuniversitäten wie
z. B. der *Scuola Superiore Sant'Anna* in Pisa, der *SISSA* in Triest
oder der *Universitá Bocconi* in Mailand. Deutschland kennt bislang diese napoleonische Tradition nicht. In Großbritannien
sind der akademische Beruf und das akademische Studium
weitgehend voneinander entkoppelt. Man qualifiziert sich
mit seinem akademischen Studium gewissermaßen dafür,
selbstständig zu denken und zu entscheiden, aber nicht für
eine spezifische Berufstätigkeit. Die Studiengänge sind – paradoxerweise – jedoch sehr fachspezifisch ausgerichtet und
nicht nach US-amerikanischem Muster zu großen Teilen all-

gemeinbildend. Die Dewey-Variante humanistischer Bildung hat in Großbritannien wenig Wirkung entfaltet. Die fachspezifische Ausrichtung der akademischen Bildung ist eine Gemeinsamkeit Großbritanniens und Deutschlands und ein Unterschied zu den USA.

Schon diese Skizze der großen Vielfalt unterschiedlicher Bildungstraditionen macht deutlich, vor welchen Schwierigkeiten der Aufbau eines gemeinsamen europäischen Hochschulraums steht. Sollte man eines der bewährten Systeme akademischer Bildung aus einem Land auf alle anderen EU-Länder übertragen? In diesem Fall hätte es vielleicht nahegelegen, das britische als Modell zu nehmen, denn die beiden Spitzenuniversitäten Cambridge und Oxford können als einzige europäische Universitäten in der Weltliga mitspielen – allenfalls gefolgt von der ETH Zürich. Die anderen britischen Universitäten fallen allerdings in der Qualität oft weit zurück. Großbritannien hat sich jedenfalls geweigert, Substanzielles an seinem Hochschulsystem im Hinblick auf die Bologna-Reform zu ändern. Es ist bei seiner bisherigen Praxis geblieben. Italien hat die Bologna-Reform sehr rasch durchgeführt, aber eher im Sinne einer formalen Übernahme denn als tiefgreifende Reform der akademischen Bildung. Deutschland war wohl der europäische Musterknabe, wenn auch die Umstellung an einigen Universitäten ungewöhnlich lange gedauert hat. Die Verschulung und Bürokratisierung ist in keinem anderen EU-Land derart weit getrieben worden wie in Deutschland. Der Flurschaden war hier und in Österreich wohl auch am größten, da die Bologna-Reform als Alternativmodell zur Humboldt-Universität durchgeführt wurde und dann – für viele überraschend (für mich erwartet) – auf den massiven Widerstand nicht nur derjenigen stieß, die Wissenschaft zu ihrem Beruf gemacht haben, sondern auch der Studierenden, die – ganz im Humboldt'schen Geist, aber in der Regel ohne Humboldt zu zitieren – Persönlichkeitsbildung, Selbststudium und Eigenverantwortung einforderten und die Verschulung der akademischen Bildung massiv kritisierten.

Für mich persönlich waren diese Proteste eine große Genugtuung. Wenige Monate vor Ausbruch der Studierendenproteste zunächst in Wien hatte ich eine Podiumsdiskussion, an der unter anderem auch der Rektor der dortigen Universität teilnahm, der bei der Bologna-Reform von Anbeginn mitgewirkt hatte. Ich wurde nicht so sehr mit Gegenargumenten, sondern mit der süffisanten Bemerkung konfrontiert, dass, meine Argumente »in allen Ehren«, diese an der Interessenlage der heutigen Studierenden völlig vorbeigingen. Diese wollten rasch auf einen Beruf vorbereitet werden und seien an dem alten Ideal akademischer Bildung nicht mehr interessiert. Es zeigte sich, dass dies eine fundamentale Fehleinschätzung war. Diese war so massiv, dass sie sogar auf die trägste staatliche Institution in Deutschland, nämlich auf die Kultusministerkonferenz, Wirkung zeigte, die ein Rückzugsgefecht begann und peu à peu die wichtigsten Zielvorgaben, die diesen Prozess begleitet hatten, zurücknahm: Es sollten nun nicht mehr 80 % nach Abschluss eines Bachelorstudiums in den Beruf wechseln, vielmehr wurde angekündigt, dass man ausreichend Masterstudiengänge zur Verfügung stellen wolle, sodass alle, die dies wünschen, auch ein Masterstudium aufnehmen können.

Wenn sich die Universität in erster Linie als Einrichtung zur Rekrutierung des wissenschaftlichen Nachwuchses verstünde, dann wäre es folgerichtig, die Bachelorstudiengänge auszukoppeln, von eventuell noch bestehendem wissenschaftlichem Ballast zu befreien und ganz auf ihre Rolle als Vorbereitung für spezifische Berufe und Berufsfelder auszurichten. Das Masterstudium würde zu einem Vorspiel für das Promotionsstudium, und für diejenigen, die auf diesem Weg schon weit vorangeschritten sind, wäre der Zwischenschritt eines Masterabschlusses auch verzichtbar. Wer dies für eine sehr exotische Idee hält, sei darauf verwiesen, dass genau diese Praxis in den USA etabliert ist. Dort besteht ein scharfer Trennungsstrich zwischen Bachelor- und Masterstudiengängen, und die Masterstudiengänge haben oft keinen eigenständigen Wert mehr, viele können auch unmittelbar mit einem sogenannten »Bachelor with Honors« in ein Promotionsstudium wechseln. Die Promotion ist die entscheidende Qualifikation für den wissenschaftlichen Nachwuchs. Eine Habilitation im deutschen oder italienischen Sinne gibt es nicht, aber immerhin in den Geisteswissenschaften *(humanities)* die Tradition, die Publikation eines zweiten Buches *(second book)* für die Tenure-Entscheidung, also für die Übernahme einer Dauerprofessur, zu erwarten. Eine Variante wäre, das Bachelorstudium allgemeinbildend anzulegen und nicht auf spezifische Berufsfelder auszurichten, an der Trennung zwischen nichtwissenschaftlichem Bachelorstudium und wissenschaftlichem Master- bzw. PhD-Studium aber festzuhalten.

Der Grund, warum die Übertragung dieses US-amerikanischen Modells auf Deutschland wenig sinnvoll ist, liegt in dem ganz unterschiedlichen Charakter von US-Highschools und deutschen Gymnasien. Letztere sind von ihrem Selbstverständnis her darauf ausgerichtet, eine Hochschulreife herzustellen, während US-Highschools nicht auf ein wissenschaftliches Studium vorbereiten. Nun könnte man mit einem gewissen Recht einwenden, dass die Vielfalt von Bildungswegen zur Hochschulreife jenseits des Gymnasiums (unterdessen auch die Meisterprüfung) auch in Deutschland die Aufnahme eines wissenschaftlichen Studiums nach Erwerb der sogenannten Hochschulzugangsberechtigung unmöglich machen und auch hier die Einführung eines Zwischenschrittes in Gestalt eines Bachelorstudiums erforderlich sei. Ich schätze die Situation noch optimistischer ein, gebe aber zu, dass es eine von Bundesland zu Bundesland sehr unterschiedlich ausgeprägte Entwicklung in diese Richtung gibt. Umso mehr stellt sich die Frage nach der Kohärenz der deutschen Bildungspolitik. Wie konnte es dazu kommen – wenn das denn unterdessen so eingeschätzt wird –, dass die Reife für ein wissenschaftliches Studium von den Schulen, die eine Hochschulzugangsberechtigung erteilen, nicht mehr sichergestellt wird? Warum dieser Schritt in die Dequalifizierung? War es wirklich beabsichtigt, die Voraussetzungen für die Aufnahme eines wissenschaftlichen Studiums erst zwei Jahre später als in der Vergangenheit zu schaffen? Und folgte es einem wohlüberlegten Plan, das eigentliche wissenschaftliche Studium von fünf auf zwei oder gegebenenfalls sogar auf ein Jahr (bei einjährigen Masterstudiengängen) zu verkürzen? Das Ganze macht eher den Eindruck einer Selbstkastration. Die Folge ist eine allgemeine Krise der akademischen Bildung, da der Identitätskern der Europäischen Universität mit seiner Verkoppelung von Forschung und Lehre nun infrage gestellt ist. Ganz speziell ist es eine Krise einiger akademischer Fächer, nämlich derjenigen, für die die Forschungsorientierung konstitutiv ist, die ohne Forschungsorientierung jeden Sinn verlieren – vorneweg die Geisteswissenschaften. Ihre Überführung in *Liberal Arts Studies* ist ein denkbarer, hier und da auch schon stillschweigend praktizierter, aber in meinen Augen unattraktiver Ausweg. Die Botschaft ist jedenfalls angekommen: Immer weniger Abiturienten entscheiden sich hierzulande für ein Studium der Geisteswissenschaften.

Ich sehe keinen guten Grund, der dafür spräche, diesem US-amerikanischen Muster in Europa, in Deutschland oder weltweit zu folgen. Der Nachteil dieses Modells ist die weitgehende Isolierung der Wissenschaft, die sich in einen eigenen geschützten Raum zurückzieht, mit einer US-Akademikerquote von vielleicht 10 % oder darunter. Das entspricht den Zuständen vor Georg Pichts Aufschrei[117] und liegt auch unter der vor dieser Schrift ausgelösten Bildungsexpansion in Deutschland. Der Hauptnachteil des US-Modells ist aber vor allem die Auflösung der Verbindung von Forschung und Lehre für das Gros der Hochschulen einerseits und der Verlust an Fachkompetenz für nichtwissenschaftliche Berufe andererseits. Die Verlagerung der beruflichen Ausbildungsgänge

---

117 Georg Picht, *Die deutsche Bildungskatastrophe*, Freiburg im Breisgau (1964).

an die Universitäten wäre zweifellos eine Dequalifizierung: Die spezifischen, auf die jeweilige berufliche Praxis bezogenen Inhalte könne vom Lehrpersonal der Universitäten, die über Forschungsleistung rekrutiert werden, nicht erbracht werden.

Während wir in anderen Bereichen der Politik, speziell auch der Kulturpolitik, Diversität preisen, hängt die Bildungstechnokratie immer noch einem Nivellierungs- und Standardisierungsmodell an. Bis dato hat die auf Nivellierung und Standardisierung beruhende Reformpraxis wenig Erfolge vorzuweisen. Ich schlage vor, dieses Unternehmen abzubrechen, ja umzukehren: Die unterschiedlichen Bildungstraditionen sind Ausdruck kultureller Identität, Folge unterschiedlicher bildungshistorischer Traditionen und führen zu unterschiedlichen Qualifikationsvorstellungen und Lerninhalten auf allen Stufen des Bildungsweges. Wir sollten dies als Reichtum begreifen, der auch in Gestalt globaler Arbeitsteilung ökonomisch Früchte tragen kann. Damit die Mobilität der Lernenden nicht durch Diversität behindert wird, bedarf es einer großzügigen Praxis der Anerkennung schulischer und universitärer Bildungsleistungen, wie dies ja schon insofern praktiziert wird, als die Hochschulreife pauschal für bestimmte schulische Zertifikate international anerkannt wird, ohne auf die einzelnen Bildungsinhalte an den Schulen im Einzelnen zu blicken. Vielfalt statt Einfalt, Bildungskooperation statt Bildungskonkurrenz nach nivellierten Standards sollte die Devise sein.

Kapitel XVII

Quantitäten

Bildung ist kein Instrument der Arbeitsmarktoptimierung, dennoch ist es legitim, ja notwendig, sich Gedanken über die ökonomischen Auswirkungen der Ausrichtung eines Bildungssystems zu machen. Die in der Öffentlichkeit vorherrschende Bildungsideologie der letzten Zeit lässt sich in wenigen, oft wiederholten und charakteristisch unscharfen Thesen wiedergeben: »Es droht ein gewaltiger Fachkräftemangel, deswegen braucht der deutsche Arbeitsmarkt jeden zusätzlichen Studenten.« Hier wird unversehens von der allgemeinen und nach allen Prognosen zutreffenden Feststellung eines zu erwartenden Fachkräftemangels auf einen primär akademischen Fachkräftemangel geschlossen. Der ganz überwiegende Teil der Fachkräfte war jedoch bis heute immer im Bereich der nichtakademischen Berufe angesiedelt (vgl. zweiter Teil, Kapitel XI). Aufgrund der demografischen Entwicklung werden zwischen 2010 und 2030 ca. 19 Millionen Erwerbstätige den Arbeitsmarkt verlassen, während nur ca. 15,5 Millionen dem Arbeitsmarkt neu hinzutreten werden. Diese Neuzugänge sind nicht proportional auf alle

Qualifikationsstrukturen zu verteilen. Zwar steigt der Bedarf an hochqualifizierten Akademikern stetig (ISCED Stufe 5A und 6), aber bereits ab 2019 wird es hier zu einem deutlichen Überangebot kommen.[118]

Die pauschale These eines akademischen Fachkräftemangels wird dann meistens in Gestalt eines Pars-pro-toto-Arguments auf die MINT-Fächer übertragen: »Als Industrieland brauchen wir weit mehr Ingenieure, als wir gegenwärtig haben.« In der Tat gibt es hier einen Bedarf für die kommenden Jahren von 105 000 Akademikern, wenn man den Ersatz- und den Expansionsbedarf berücksichtigt. Das Institut der deutschen Wirtschaft weist weiterhin aus, dass sich dieser Trend im Zeitraum 2016 – 2020 sukzessive erhöhen dürfte, obgleich der akademische MINT-Arbeitsmarkt starken konjunkturellen Schwankungen unterliegt.[119] Steigende Studienanfängerzahlen in den MINT-Fächern dürften zumindest den demografischen Ersatzbedarf ausgleichen. Der Expansionsbedarf bleibt jedoch ungedeckt, weshalb die Potenziale, so das Institut der deutschen Wirtschaft, von Älteren (längere Lebensarbeitszeit), von Frauen, aber vor allem durch Zuwanderung stärker genutzt werden müssten.[120] Der MINT-Bedarf für das mittlere Qualifikationsniveau wird jedoch weitaus gravierender ausfallen (vgl. zweiter Teil, Kapitel XI), eine

---

118 Felix Bremser u. a., »Akademikerüberhang und Fachkräftemangel: Wie entwickelt sich die berufliche Qualifikationsstruktur?«, in: *BIBB BWP*, Nr. 4 (2012).

119 Vgl. Axel Plünneke u. a., *MINT-Frühjahrsreport 2013*, a.a.O., S. 57.

120 Ebd., S. 73.

fortschreitende Akademisierung der Ausbildungsberufe wird diese Entwicklung weiter verschärfen. Wenn schon im Bereich des Angebots an MINT-Akademikern zumindest der Ersatzbedarf gedeckt werden kann, dann ist dies für die anderen akademischen Bereiche erst recht zu erwarten.

Im üblichen, in zahlreichen Reden und Artikeln ausgebreiteten Verständnis weist Deutschland mit seiner technikorientierten Wirtschaft eine generelle, kulturell begründete Lücke im sogenannten MINT-Bereich auf. Suggeriert wird, dass eine einseitige, womöglich sich humanistisch verstehende Bildungsorientierung der Hochschätzung dieser Fächer entgegensteht. Im internationalen Vergleich allerdings relativiert sich diese Sorge: Gerade in Ländern wie Großbritannien oder den USA, die so oft als Bildungsvorbilder herhalten müssen, ist der Anteil der Jugendlichen, die sich für Mathematik, Naturwissenschaft und Technik interessieren, weit niedriger als in Deutschland. Deutschland ist auch das Land der Tüftler und Bastler und weist hinter den USA und Japan die höchste Anzahl an internationalen Patenten auf.

Dennoch ist nicht zu verhehlen, dass die allgemeinbildenden Schulen, insbesondere die Gymnasien, mit Handwerk und Technik, mit allem Haptischen und Gestalterischen auch in Deutschland wenig anfangen können. Der mathematisch-naturwissenschaftlich-technischen Erfassung der Welt sollte in der schulischen Allgemeinbildung ein größerer Stellenwert eingeräumt werden. Aber die pauschale, von zahlreichen aus der Wirtschaft getragenen Kampagnen befeuerte Besorgnis, dass es im MINT-Bereich einen Akademikermangel gibt, ist unbegründet. Es fehlt nicht an Biologen,

Geographen und Architekten. Im Gegenteil findet in diesen Bereichen schon jetzt ein massiver Verdrängungswettbewerb statt, das heißt, Absolventen eines natur- oder technikwissenschaftlichen Studiums übernehmen heute Aufgaben, die zuvor von nichtakademischen Fachkräften des MINT-Bereichs übernommen wurden. Damit sind die Akademiker auf dem Arbeitsmarkt immer noch bessergestellt als die Nichtakademiker, aber beide Qualifikationsstufen leiden darunter: Die ausgebildete Architektin leidet darunter, nun eine Tätigkeit auszuüben, für die sie eigentlich nicht studiert hat, und der technische Zeichner leidet darunter, nicht mehr die für diese Ausbildung charakteristischen beruflichen Tätigkeiten wahrnehmen zu können.

Ebenso spricht sehr viel dafür, dass Deutschland nicht mit einem generellen Medizinermangel konfrontiert ist – weder aktuell noch in der absehbaren Zukunft. Im Gegenteil: Deutschland gehört zu den Ländern der Welt mit der höchsten Ärztedichte, auch im Vergleich zwischen den Industrieländern.[121] Der gelegentlich beklagte Ärztemangel ist bis dato und für die absehbare Zukunft ein reines Verteilungsproblem: Ärztinnen und Ärzte konzentrieren sich auf die städtischen Metropolregionen.[122]

---

121 Vgl. destatis: https://www.destatis.de/DE/ZahlenFakten/LaenderRegionen/Internationales/Thema/Tabellen/Basistabelle_Aerzte.html (zuletzt aufgerufen am 12.06.2014).

122 Dies bestätigt eine im September 2013 vorgelegte Analyse des Instituts der deutschen Wirtschaft Köln (IW). Demnach scheiden in den nächsten Jahren rund 6600 Ärzte jährlich aus dem Berufsleben aus, denen etwa 10 000 Humanmedizin-Absolventen

Ähnlich sieht es im Bereich der Lehrerberufe aus: Seit Jahren wird davor gewarnt, dass eine ganze Generation nun fast zeitgleich in den Ruhestand wechsle und kein Nachwuchs in Sicht sei, während die Zahlen der auf Lehramt Studierenden stetig wachsen und Tausende von erfolgreichen Absolventinnen und Absolventen eines Lehramtsstudiums nicht eingestellt werden. In diesem Bereich wirkt der demografische Wandel doppelt: Bei gleichbleibender Studierendenquote würde die Zahl der Nachwuchspädagogen unter die Zahl der sich in den Ruhestand Verabschiedenden zurückfallen. Andererseits nimmt die Zahl der Schülerinnen und Schüler ebenfalls, durch die Altersverschiebung zunächst noch weit dramatischer, ab, sodass auch der Ersatzbedarf sinkt. Aus der Erfahrung der vergangenen Jahre und Jahrzehnte der Lehrerbildung zu schließen, werden wir es nicht mit einem generellen Lehrermangel zu tun haben, sondern »schweinezyklisch« mit immer wieder auftretenden Überfluss- und Mangelsituationen (die Kultusministerkonferenz erwartet sogar ein rechnerisches Lehrkräfteüberangebot zwischen

---

gegenüberstehen. Das Problem des kontinuierlich steigenden Ersatzbedarfs dürfte auch auf lange Sicht (über das Jahr 2025 hinaus) durch die erleichterte Zuwanderung von Medizinern aus dem Ausland gedeckt werden. Dass es schon heute Versorgungsengpässe in einigen ländlichen Regionen gibt, steht auf einem ganz anderen Blatt. Vgl. Vera Demayr, Oliver Koppel, *Der Arbeitsmarkt für Humanmediziner und Ärzte in Deutschland – Zuwanderung verhindert Engpässe*, online verfügbar unter: http://www.iwkoeln.de/de/presse/pressemitteilungen/beitrag/aerztemangel-der-notfall-faellt-fuer-jahre-aus-129025 (zuletzt aufgerufen am 12.06.2014).

2013 und 2025 über alle Lehrämter hinweg)[123], die wegen der relativ starren staatlich gesteuerten Bedarfslage nicht ausgeglichen werden können.

Die Quantitäten lassen sich auch deswegen schwer abschätzen, weil nach angelsächsischem Muster auch in Deutschland zunehmend ein akademischer Arbeitsmarkt ohne spezifische Qualifikationserfordernisse entstanden ist. Man könnte auch umgekehrt sagen: Die Qualifizierung für nichtvorhandene Berufe, etwa in Gestalt des Magisterabschlusses in den Geistes- und Kulturwissenschaften, hat sich einen unspezifischen akademischen Arbeitsmarkt geschaffen, der den größten Teil dieser neuen Akademiker absorbieren konnte. Arbeitsmarkt und Bildungssystem stehen sich nicht in einem starren Verhältnis gegenüber, in dem das Bildungssystem das Angebot für eine davon völlig unabhängige, rein ökonomisch begründete Nachfrage bereitstellt. Vielmehr wirkt das Qualifikationsangebot auf den Arbeitsmarkt und die ökonomische Entwicklung ein. Von daher wäre es ganz unseriös, eine bestimmte Akademikerquote als ökonomisch wünschenswert festzuschreiben. Ganz abgesehen davon, dass sich diese Quote nur mit sehr problematischen Maßnahmen erzwingen ließe, ist das wechselseitige Bedingungsverhältnis von Bildung und Arbeitsmarkt viel zu komplex, als dass es solchen schlichten quantitativen Verhältnissen gehorchte. Ein gestiegenes Angebot spezifisch

---

123 Vgl. »Lehrereinstellungsbedarf und -angebot in der Bundesrepublik Deutschland. Modellrechnung 2012 – 2025«, in: *Statistische Veröffentlichungen der Kultusministerkonferenz*, Nr. 201 (2013), S. 14.

Qualifizierter schafft sich selbst (in gewissem Umfang) eine Nachfrage auf dem Arbeitsmarkt. Die Flexibilität des Arbeitsmarktes in Reaktion auf das jeweilige Qualifikationsangebot ist jedoch nicht unbegrenzt.

Die meisten machen sich die sich abzeichnende Dramatik bei einer Fortschreibung des gegenwärtigen Trends nicht bewusst. Das mag – wenn man es boshaft formuliert – mit Bildungsdefiziten im mathematischen Verständnis auf dem Feld der veröffentlichten Meinungen und öffentlichen Reden zu tun haben. Auch nach einer Dekade, in der sich der Prozentsatz der Studierenden pro Jahrgang verdoppelt hat, beträgt die Akademikerquote in Deutschland immer noch nur etwa 16 %. Ich halte es nicht für ausgeschlossen, dass dieser Prozentsatz noch zu niedrig ist und er etwa auf 25 % oder 27 % ausgeweitet werden könnte, zumindest dann, wenn man die Bachelorabsolventen zu den Akademikern zählt. Was den wenigsten jedoch bewusst ist: Selbst dann, wenn lediglich das Stadt-Land-Gefälle der Hochschulzugangsberechtigung ausgeglichen wird, sich aber die Zahlen der Studierenden pro Jahrgang gegenüber dem heutigen Stand nicht mehr erhöhen, wird sich langfristig eine Verdreifachung oder Vervierfachung der Akademikerquote gegenüber dem heutigen Stand auf dem Arbeitsmarkt ergeben. Ich sehe in keinem Segment des akademischen Arbeitsmarktes auch nur die geringsten Anzeichen für einen realen Bedarf an einer derart exorbitanten Steigerung gegenüber dem heutigen *status quo.*

Welche praktischen Konsequenzen ergeben sich aus diesem Befund? Gibt es bildungspolitische Möglichkeiten der Steuerung, die mit der Freiheit der Berufswahl und den sich verändernden kulturellen Erwartungen im Einklang sind? Hier sind in erster Linie Bildungspraktiker, nicht Bildungstheoretiker gefragt, aber ich will mich vor diesen Fragen nicht drücken und wenigstens einige Hinweise geben, in welche Richtung man weiterdenken sollte:

Wir sollten die gestiegenen Abbrecherquoten ganz entgegen der Zielsetzung des Bologna-Prozesses[124] und entgegen allen Erwartungen als Indiz dafür werten, dass allzu viele ein Studium aufnehmen, die dafür nicht geeignet sind. Das Gegenteil geschieht jedoch: Gestiegene Abbrecherquoten werden auf mangelnde Hochschuldidaktik oder auf elitäre Qualifikationskriterien der prüfenden Professorinnen und Professoren zurückgeführt, und es wird einige Anstrengung unternommen, um Lehrende an Universitäten davon abzuhalten, die Studierenden bei ungenügender Leistung bei Prüfungen scheitern zu lassen (vorgeschriebene Zahl von Wiederholungen und andere Reglementierungen wie die Mittelverteilung nicht nach der Zahl der Studierenden, sondern der Absolventen). Ich empfehle dagegen, diese gestiegenen Abbrecherquoten als Aufforderung an diejenigen zu interpretieren, die sich für den falschen Bildungsweg entschieden haben, diese Entscheidung rasch zu korrigieren und damit eine für sie selbst und für die Gesellschaft sinnvollere berufliche Tätigkeit anzustreben. Die Tatsache,

---

124 Die Abbrecherquoten der Bachelorstudiengänge (33 %) sind entgegen der Intention der Bologna-Reformen höher als die der sogenannten alten Studiengänge (27 % für Magister- und Diplomabschlüsse), siehe: *Bildung in Deutschland 2014,* a.a.O., S. 301.

dass trotz Umstellung auf modularisierte Studiengänge, die ja die Abbrecherquoten senken sollten, diese de facto im Durchschnitt in allen Fächern gestiegen sind, lässt sich am plausibelsten damit erklären, dass heute mehr Menschen ein Studium aufnehmen können, die dafür nicht geeignet sind, als dies noch vor zehn oder fünfzehn Jahren der Fall war.

Wir sollten auch nicht besorgt nach den Ursachen suchen, die einen gewissen Anteil (ca. 20 %)[125] der Studienberechtigten davon abhalten, ein Studium aufzunehmen, sondern es begrüßen, wenn angesichts der abgesenkten Qualifikationserfordernisse für ein Studium ein größerer Anteil sich nun gegen ein Studium entscheidet. Wir sollten die Professoren nicht dafür tadeln, dass oft schon im ersten Studienjahr ein gestiegener Prozentsatz den Leistungsanforderungen nicht gewachsen ist. Wir sollten stattdessen darauf beharren, dass die Hochschulzugangsberechtigung auch wirklich eine Hochschulreife darstellt und zu einem wissenschaftlichen Studium befähigt. Wir sollten die Einheit von Forschung und Lehre in den dafür geeigneten Studiengängen an den Universitäten vom ersten Studienjahr an erkennen lassen und durch konsekutive Studiengänge eine fachlich ausgerichtete Hochschulbildung vertiefen. Vor allem aber sollten wir alles tun, um die nichtakademischen Bildungswege und Berufsfelder hinreichend attraktiv zu machen. Unser Fernziel sollte sein, dass akademische und nichtakademische Bildungs- und Berufswege als gleichrangig gelten und die Entscheidung zwischen ihnen nicht aufgrund des Erfolgs

125 Ebd., S. 296.

bzw. Scheiterns auf dem Weg der Allgemeinbildung erfolgt, sondern aufgrund eigener Neigungen und Begabungen. Die Quantitäten, die sich dann einstellen und die im Zeitablauf variieren werden (nicht nur nach oben, sondern auch nach unten), werden den tatsächlichen Bedarf an akademischen Fachkräften decken können, dessen bin ich mir sicher.

Kapitel XVIII

Respekt

Im »Streit der Fakultäten« hatte Immanuel Kant – »untertänigst« – gegenüber der feudalen Obrigkeit, aber kühn als Philosoph gefordert, dass sich der Fürst aus den Angelegenheiten der Wissenschaft heraushalten solle. Er sei zuständig für vieles, darunter auch für Berufsordnungen, für die Aufrechterhaltung von Recht und Ordnung. Inhalte und Methoden der Wahrheitssuche aber lassen sich nicht staatlich dekretieren. Der Geist von Bologna, der Gründer der ersten europäischen Universität, die davon träumten, dass sie einen Raum des freien Geistes bieten würde, der sich ohne klerikale und feudale Bevormundung entfalten sollte, in dem die Einzelnen nur ihrer Überzeugung und der Logik des besseren Arguments verpflichtet wären, war am Ende zur Schulstätte dreier staatstragender akademischer Berufe verkommen: Theologen, Juristen, Mediziner, reglementiert von fürstlichen und kirchlichen Verordnungen. Die Nische der Freiheit war für Kant die Philosophie, dieses damals randständige Fach, eher propädeutisch, zu keinem Berufe bildend, nützlich nur als Vorbereitung auf ein berufsorientiertes Studium. Aus dem Geist der Philosophie, aus der Freiheit des ungebundenen Denkens, aus dem Ethos der Wissenschaft sollte die Universität erneuert werden, um ihr Zentrum der Wahrheitssuche, die Forschung.

Dieses Ethos wirkt nach, auch ohne das Pathos des späten 18. und frühen 19. Jahrhunderts. Wissenschaft ist kein Job neben anderen, sie ist eine Berufung, sie verlangt, dass sich die Persönlichkeit als Ganze der Wissenschaft verschreibt. Es zählt – idealiter – nur noch das bessere Argument, die sorgfältigere Analyse, das aussagekräftigere Experiment. Dieses wissenschaftliche Ethos bildet sich um das Projekt epistemischer Rationalität.[126] Kühne Entwürfe, kritische Prüfung – so wird Karl Popper später dieses Ethos zusammenfassen. Nicht das heranziehen, was die eigene Position stärkt, sondern das, was gegen sie sprechen könnte. Die Hypothesen und Theorie so präzise und insofern angreifbar wie möglich zu formulieren. Die Quellen offenzulegen, die Experimente nachvollziehbar zu machen.

Es ist dieses Ethos, das die moderne, das die stürmische wissenschaftlich-technische, ökonomische und kulturelle Entwicklung erst ermöglicht. Dieses Ethos ist nicht lediglich ein Berufsethos von Wissenschaftlern. Begründetes Wissen und gerechtfertigte Praxis an die Stelle von Vorurteil und Gewalt zu setzen ist die radikalste Form des humanistischen Projekts. Das Wissenschaftsethos erlaubt Konkurrenz in der

---

126 JNR, »Wissenschaftsethik«, in: ders. (Hrsg.), *Angewandte Ethik. Die Bereichsethiken und ihre theoretische Fundierung*, Stuttgart ([2]2005), S. 834–861.

Form des besseren (wissenschaftlichen) Arguments. Es fordert eine interne Kooperation, da Wissenschaft arbeitsteilig ist, und eine externe, da Wissenschaft Teil der Gesellschaft ist.

Die kühne These der Neuhumanisten des 19. Jahrhunderts hat sich bestätigt: Dieses philosophische (Persönlichkeitsbildung) und wissenschaftliche (epistemische Rationalität) Ethos lässt sich über den Beruf des Wissenschaftlers hinaus verallgemeinern, ja in Dewey'schem Geiste als wesentliches Merkmal einer demokratischen Kultur verstehen. Dies rechtfertigt es, diejenigen, die dafür Interesse, Engagement und Begabung mitbringen, sich für einige Jahre ganz der Wissenschaft verschreiben zu lassen, obwohl sie nicht vorhaben, den Beruf des Wissenschaftlers zu ergreifen. Es ist die kühne und dann vielfältig bewährte These, dass wissenschaftliche Bildung sich auch außerhalb der *Akademia* bewährt. Die eigentliche Tragik der wissenschafts- und hochschulpolitischen Reformbemühungen der vergangenen Jahre war, dass diese offenkundig im doppelten Sinne von der Gegenthese ausgingen: (1) Da ein Studium ganz überwiegend nicht für die Wissenschaft als Beruf qualifiziert, sollte es nicht mehr wissenschaftlich, sondern für das Gros der Studierenden lediglich berufsbildend sein. (2) Das Wissenschaftsethos ist lediglich ein Berufsethos der Wissenschaftler. Und daraus folgt (3): Das wissenschaftliche und das berufsorientierte Studium sind zu entkoppeln, das wissenschaftliche Studium ist eine Ausbildung zum Wissenschaftler, Lehre und Forschung sind jenseits des wissenschaftlichen Studiums nicht miteinander verbunden, die auf dem hehren Ideal freier Forschung und Lehre beruhende Autonomie der Wissenschaft ist ein Relikt früherer Zeiten, dem man allenfalls verbal – etwa in Gestalt des Artikels 5 des Grundgesetzes – noch Tribut zollen muss. Die wissenschaftliche Forschung ihrerseits ist nach dem Muster eines Unternehmens, nach Input- und Output-Kriterien zu organisieren, und die Hochschulen sind als bildungsökonomische Einrichtungen nach dem Muster eines mittelständischen Unternehmens umzugestalten.

Vielleicht ist es noch nicht zu spät. Vielleicht helfen die Enttäuschung über die weitgehende Wirkungslosigkeit der Reformbemühungen und die Verwunderung über die kulturellen Beharrungskräfte des Wissenschaftssystems und der biographischen Muster, um den Respekt vor dem Wissenschaftsethos und der dieses tragenden Kultur der Aufklärung und des Humanismus wieder zu beleben. Es wäre nicht nur der Wissenschaft zu wünschen, sondern der Gesellschaft als Ganzer und den zukünftigen Generationen von Studierenden und Lehrenden an Schule und Hochschule.

In dem großen »Königsdialog« der *Politeia* räsoniert Platon über die ideale Biographie. Er bereitet diese Passage etwas zögerlich vor – man müsse, sinngemäß, bereit sein, sich einen sehr ungewöhnlichen Vorschlag anzuhören –, um dann damit herauszurücken: Bis zum Alter von 35 sollten sich diejenigen, die für die Wissenschaft und die Verantwortung in der Polis geeignet sind, auf ihre Studien konzentrieren. Sie sollten mit Musik, Mathematik und Sport beginnen und dann langsam in die Höhen der Philosophie aufsteigen. Dies dauert, meint Platon, bis ins 35. Lebensjahr. Erst dann sind die so gebildeten Frauen und Männer geeignet, in der Polis

Aufgaben zu übernehmen. Die eigentliche Verantwortung für die philosophisch begründete Leitung des Staates haben aber erst diejenigen inne, die sich jenseits des 50. Lebensjahres schon wieder aus den Alltagsgeschäften zurückgezogen haben und sich wieder ganz der Philosophie widmen können. Aus moderner Sicht könnte man hier Anklänge an theokratische Systeme wie etwa den Vatikanstaat oder den Iran des Khomeini sehen. Andere verstehen das Ganze lediglich allegorisch, als Betonung der großen Bedeutung von Wissenschaft und Erkenntnis für die politische Praxis, wieder andere tun das als utopische Spinnerei ab. In ähnlicher Weise überlasse ich es der Leserin und dem Leser, wie sie die Bildungs- und Arbeitsmarktutopie, die ich im Folgenden skizziere, beurteilen wollen:

1. Das Bildungssystem als Ganzes selektiert nicht, sondern versteht sich als Angebot, den eigenen Bildungs-, Berufs- und Lebensweg zu gestalten. Es bietet Angebote der Differenzierung, ohne die Vermittlung kanonischen Wissens, das für den Zusammenhalt der Gesellschaft und die Verständigungspraxis unverzichtbar ist, zu vernachlässigen.

2. Die zentrale Botschaft der Bildungsangebote lautet, dass jede und jeder das Eigene finden solle und dass sich die Bildungsangebote lediglich als Hilfe auf dieser Suche verstehen.

3. Die staatlichen Bildungsangebote sind aber nicht frei von normativer Setzung. Sie sind der Demokratie als Staats-, Gesellschafts- und Lebensform verpflichtet. Die staatlichen Bildungsangebote sind auf eine inklusive Ge-

sellschaft gerichtet, sie grenzen nicht aus und grenzen nicht ab, sie schließen ein und verstehen sich als zentraler Pfeiler einer Kultur gleicher Anerkennung.

4. Der Arbeitsmarkt reagiert so flexibel wie nur irgend möglich auf die Qualifikationsangebote, die dieses Bildungssystem hervorbringt. Die eigenen Entscheidungen der Jugendlichen spielen dabei die zentrale Rolle. Diese neue Arbeitsmarktkultur ist von der Erkenntnis getragen, dass sich Erfolg generell und speziell der ökonomische Erfolg eines Unternehmens, einer Region, einer Volkswirtschaft als Ganze nur einstellt, wenn alle Akteure von intrinsischer Motivation geleitet handeln, wenn sie überzeugt sind, dass sie an etwas Sinnvollem mitwirken und dass diese (berufliche) Praxis zu ihrem Eigenen, zu dem, was ihnen wichtig ist, was ihre Identität ausmacht, passt.

5. Der gleiche Respekt gegenüber unterschiedlichen Bildungswegen beendet den Akademisierungswahn. Der hohe Wert beruflicher Bildung wird anerkannt, das Handwerkliche, das Stoffliche, das Ästhetische, das Soziale – die praktische Dimension der Bildung – werden aufgewertet.

Um im Geiste Platons diese Utopie zu konkretisieren: Denkbar wäre, dass sich auf diese Weise die Akademikerquote auf dem Arbeitsmarkt gegenüber dem heutigen Niveau um ein Drittel erhöht. Damit diese Erhöhung langfristig stabil bleibt (das ist ein mathematischer Sachverhalt), muss die Absolventenquote pro Jahrgang, definiert als diejenigen, die ein wissenschaftliches Studium abschließen, gegenüber dem zuletzt erreichten Niveau absinken. Angesichts der wünschenswerten Aufwertung sozialer, technischer und ästhetischer Praxis wäre dies zu erwarten, zumal sich der Unterschied in Grenzen hält.

Was die sogenannte Hochschulzugangsberechtigung angeht, so bieten sich zwei Entwicklungspfade an: Sollte der Trend zum Wechsel an die Gymnasien und zum zweiten Bildungsweg weiter anhalten, dann müsste den Universitäten die Möglichkeit zugestanden werden, mit Eignungsprüfungen den Hochschulzugang stärker zu reglementieren.[127] In diesem Falle könnte sogar ein weiteres Ansteigen der Prozentsätze der auf das Gymnasium wechselnden Schülerschaft akzeptabel sein, aber nur unter der Bedingung, dass sich die Gymnasien nicht lediglich als Vorbereitung für das Studium, sondern auch als Vorbereitung für die nichtakademische berufliche Bildung verstehen. Dies bedeutet, dass sich die Berufsorientierung an den Gymnasien gegenüber heute deutlich verändern und nichtakademische Berufsbilder einbeziehen müsste. Entsprechende Praxistage und eine Veränderung der Fächertafel wären dann unverzichtbar.

---

127 Die Entwicklung der letzten Monate ist gegenläufig, das heißt, der Versuch, das Niveau des wissenschaftlichen Studiums durch Eignungsprüfungen und anspruchsvolle Lehrveranstaltungen in den ersten Semestern trotz verdoppelter Jahrgangsquoten aufrechtzuerhalten, wurde von den Wissenschaftsministerien konterkariert, unter anderem in Gestalt der Untersagung von Eignungsprüfungen außer in sehr begrenzten Fällen und der gesetzlich vorgeschriebenen Möglichkeit oder anderweitig oktroyierten (ministerielles Genehmigungsverfahren) vielfältigen Wiederholungsmöglichkeiten bei gescheiterten Leistungstests.

Der zweite Entwicklungspfad würde die Hochschulzu-gangsberechtigung wieder als seriöse Hochschulreife ver-stehen, das heißt Eignungsprüfungen an den Universitäten verzichtbar machen, allerdings auch die Quote der Hoch-schulzugangsberechtigten gegenüber dem zuletzt erreich-ten Stand zurückführen. Auffällig ist, dass diese Hochschul-berechtigungsquote sehr stark nicht nur zwischen Stadt und Land, sondern auch zwischen einzelnen Bundesländern variiert. Dass dies nicht an unterschiedlichen Begabungs-profilen oder Leistungsbereitschaft liegt, sondern an den Leistungsstandards, zeigt die erschreckend große Differenz der Kenntnisse und Kompetenzen in den einzelnen Fächern von Land zu Land. Die Koordination der Bildungspolitik der Länder über die Kultusministerkonferenz hat hier versagt. Tatsächlich ist nach meinem Verfassungsverständnis über-all dort, wo die Grenzen der Länderkompetenz erreicht sind (das betrifft die Leitplanken der Bildungsentwicklung in Deutschland), der Bund in der Pflicht. Hier wäre eine deutliche Korrektur der Verfassungsrealität wünschenswert, ohne die Gestaltungsmöglichkeiten der Länder im Bereich Bildung und Kultur zu gefährden. Durch die steigende At-traktivität beruflicher Bildung und eine durchgängig stärke-re Praxisorientierung der allgemeinbildenden Schulen, aber auch durch die Verständigung zwischen Bund und Ländern auf kohärente Kriterien der Hochschulreife wäre im zwei-ten Bildungspfad ein Absinken der Studienberechtigung um zehn und mehr Prozentpunkte gegenüber dem zuletzt er-reichten Stand zu erwarten. Auch in diesem Fall sollte mit der Hochschulreife nicht die Erwartung verbunden werden, zwangsläufig ein Studium aufzunehmen, denn es kann sich auch erst später im Bildungsweg herausstellen, dass ein wissenschaftliches Studium den eigenen Interessen besser entspricht als der Weg der beruflichen Bildung, aber die Verkoppelung wäre enger als im ersten Bildungspfad.

Unabhängig davon, welche dieser beiden Varianten (bzw. welche Mischform) sich dann abzeichnet, muss es ein zentrales Ziel sein, den Anteil derjenigen ohne Berufsabschluss deutlich zu senken. Hier liegen die höchsten Risiken für Arbeitslosigkeit und Prekariat. Dieser Bereich sollte auf unter 10 % gedrückt werden (gegenüber zuletzt 14,3 %).[128] Die konkrete (»platonische«) Utopie würde also ausgehen von 9 % ohne berufliche Bildung, dreimal so vielen akademischen Fachkräften (50 % mehr als heute!), siebenmal so vielen nichtakademischen Fachkräften sowie einer Absenkung der zuletzt erreichten Studierendenquote um rund ein Viertel. Damit läge die Studierendenquote immer noch höher als vor zehn Jahren. Wohlgemerkt: Diese Zahlen sind als konkrete Utopie, nicht als Planungssoll und Aufforderung für Bildungsplanwirtschaft gedacht. Die Basis, um eine gute Balance zwischen Bildung und Arbeitsmarkt herzustellen, ist eine Kultur gleichen Respekts und ein Bildungssystem, das nicht selektiert, sondern differenziert.

---

128 Der Anteil der 25- bis 65-Jährigen ohne berufsqualifizierenden Bildungsabschluss lag 2011 bei 14,3 % (vgl. Statistisches Bundesamt: Mikrozensus).

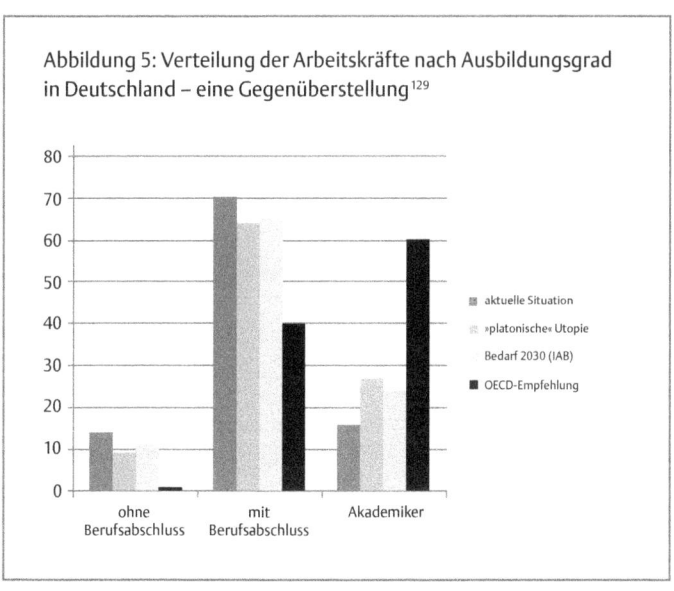

Abbildung 5: Verteilung der Arbeitskräfte nach Ausbildungsgrad in Deutschland – eine Gegenüberstellung[129]

---

129 Der prognostizierte Arbeitskräftebedarf für 2030 beruht auf Berechnungen des Instituts für Arbeitsmarkt- und Berufsforschung bezüglich des benötigten Arbeitsvolumens (siehe Gerd Zika u. a., »In der Arbeitszeit steckt noch eine Menge Potenzial«, in: *IAB-Kurzbericht*, Nr. 18 [2012]).

Fazit

1. *Der durch die Verunsicherung in Deutschland ausgelöste An-passungsdruck an vermeintliche und tatsächliche internationale Bildungstrends droht eine der Stärken des deutschen Bildungs-systems, das duale System, generell die berufliche Bildung, langfristig zu ruinieren, denn mit 30% eines Jahrgangs ist die berufliche Bildung, wie sie sich in Deutschland entwickelt hat (ähnlich nur in der Schweiz, in Österreich und in Dänemark), nicht überlebensfähig.* Das duale System der beruflichen Bildung ist in den letzten Monaten paradoxerweise zu einem Exportschlager geworden, der US-amerikanische Präsident hat ein erstes Berufsbildungszentrum in den USA nach deutschem Muster eingeweiht, in Spanien und anderen Ländern sind ähnliche Projekte auf den Weg gebracht worden, ohne dass es in Deutschland oder in diesen Ländern, die diesen Aspekt des deutschen Bil-dungssystems loben, eine Diskussion darüber gibt, dass der Erfolg der beruflichen Bildung in Mitteleuropa nur möglich ist, wenn dort die Akademikerquote entspre-chend niedriger ausfällt. Bei einer Anpassung an den OECD-Trend mit über 60% Studierendenquote lässt sich

diese Form der beruflichen Bildung in Deutschland nicht aufrechterhalten. Der internationale Akademisierungstrend, der sich nicht nur auf die Industrieländer, sondern auch auf die Schwellenländer ausdehnt, etwa in Nordafrika oder in China, auch in Brasilien, kann mit der Studierendenquote in Deutschland deswegen nicht verglichen werden, weil bei uns der ganz überwiegende Teil der Studierenden an Universitäten studiert, also an Einrichtungen, deren Lehrpersonal fast ausschließlich durch Forschungsleistungen qualifiziert ist. In den USA und in den meisten anderen Ländern der Welt ist nur ein Bruchteil der Bildungs- und Ausbildungsinstitutionen im sogenannten tertiären Sektor forschungsorientiert (in den USA je nach Kriterium zwischen 15 und 22 %). Wenn man »Akademiker« definiert als »hat ein Studium an einer Einrichtung absolviert, an der Forschung eine wesentliche Rolle spielt«, dann wäre die Quote derjenigen, die gegenwärtig ein akademisches Studium in den USA aufnehmen, unter 10 % eines Jahrgangs, während sie in Deutschland etwa dreimal so hoch ist. Selbst wenn man über den gesamten Arbeitsmarkt geht, bewegt sich die Akademikerquote in Deutschland bei 16 %, während sie in den USA vermutlich bei 7 oder 8 % liegt.

2. *Da das Gros der Studierenden in Deutschland an Universitäten studiert, ist eine Akademisierung der beruflichen Bildung auf breiter Front abwegig.* Die Professorenschaft an den Universitäten hat sich fast ausschließlich über Forschung qualifiziert, didaktische und pädagogische Fähigkeiten,

vor allem aber die Berufserfahrung und der Berufsbezug fehlen. Es würde mindestens eine Generation dauern, dies zu verändern, dabei würde der Charakter der in der Humboldt'schen Tradition der Forschungsorientierung stehenden Universitäten (auch in Italien, in Spanien, in Österreich etc.) verloren gehen. Die Einrichtung forschungsorientierte Universität würde weit über das heutige Maß hinaus dysfunktional. Es gibt keine scharfe Grenze zwischen akademischer und nichtakademischer Bildung. Aber auch wenn die Realität fließend ist, müssen die Begriffe scharf bleiben. In der Praxis sind fließende Übergänge möglich und wünschenswert. So habe ich nichts gegen Berufsakademien, auch nichts gegen Weiterbildungsangebote der Universitäten[130] (was ja sogar im alten Hochschulrahmengesetz eine Verpflichtung war und in zahlreichen Landeshochschulgesetzen ebenfalls enthalten ist, aber wenig praktiziert wird), ich wende mich nicht grundsätzlich dagegen, einen Teil der heutigen Berufsausbildung zu »akademisieren«. Man könnte auch an die Einrichtung von Liberal-Arts-Colleges, die nicht forschungs-, sondern bildungsorientiert sind, denken (auch angesichts der Verfallserscheinungen der geisteswissenschaftlichen Studiengänge an den Universitäten infolge des Bologna-Prozesses), hier ist vieles im

---

130 Ich habe zusammen mit dem Wirtschaftsethiker Karl Homann schon vor zehn Jahren einen solchen berufsbegleitenden universitären Weiterbildungsstudiengang »Philosophie – Politik – Wirtschaft (PPW)« an der LMU initiiert, dessen Sprecher ich unterdessen bin.

Fluss, und die Bildungspolitik sollte das nicht über die Maßen zu kanalisieren versuchen. Das ändert aber nichts daran, dass die eklektische Übernahme des US-amerikanischen Systems ohne eine vergleichbare berufliche Bildung (trotz der sogenannten Professional Schools), dass die Idee des *cooling out*, also »Exklusion durch Partizipation«, wie es der Bildungshistoriker Tenorth am 4. Juli 2014 in der Berlin-Brandenburgischen Akademie der Wissenschaften genannt hat, sich auf Deutschland so nicht übertragen lässt. Sollte dies mit der Einführung der Bachelorstudiengänge geplant gewesen sein, also dass Studierende, die akademische Aspirationen haben, im Verlauf ihres Bachelorstudiums wieder davon abgebracht werden sollen, dann ist dies gründlich gescheitert. Nicht 80 % gehen nach dem Bachelorabschluss in den Beruf, sondern umgekehrt, 80 % wollen weiter studieren. »Die Studenten haben den Braten wohl gerochen« (Tenorth). Vor allem aber wäre ein solches *cooling out*-Angebot auf breiter Front eine dramatische Verschleuderung von Steuergeldern, da hier keine für den Arbeitsmarkt relevante Qualifikation erworben und lediglich die Illusion einer akademischen Bildung vermittelt wird.

3. *Wenn der aktuelle Trend anhält, wäre nicht nur das System der beruflichen Bildung, das in Mitteleuropa etabliert ist, mit wenigen Ausnahmen zum Siechtum verdammt, sondern das System der akademischen Bildung, der überwiegend forschungsorientierten Universitäten würde dysfunktional, denn ihre Funktionalität beruht bei aller notwendigen Differenzierung im Kern*

auf der Humboldt'schen Idee, auf dem Bezug zur Forschung.
Wer den Abschied von Humboldt vollziehen will, sollte
dies klar sagen: Dann müsste man den forschungsorientierten Teil in Einrichtungen zur wissenschaftlichen
Nachwuchsförderung umwandeln, und das heißt nicht
nur restrukturieren, sondern seiner bisherigen Funktion
in der akademischen Bildung entledigen. Forschung und
Lehre würden sich nicht nur hier und da, sondern auf
breiter Front entkoppeln, es bliebe eine Praxis der Graduierung von Nachwuchsforschern an Forschungsclus-
tern, die ihre Lehre auf diese Graduierung fokussieren.
Die kaum beachtete, aber fatale Bologna-Trennung von
berufs- und wissenschaftsorientierten Studiengängen be-
käme ihre Existenzberechtigung, und die an Humboldt
orientierte Universität, die von der Idee der Einheit von
Forschung und Lehre getragene akademische Bildung,
wäre zu Grabe getragen.

4. *Die bildungsökonomische Begründung für eine möglichst starke
Erhöhung der Akademikerquote beruht auf einem Denkfehler
und ist auch durch die verfügbaren internationalen Vergleichszahlen widerlegt.* Das stärkste Argument für eine weitere
Akademisierung besagt, dass diejenigen, die einen höheren Abschluss, speziell einen akademischen Abschluss,
haben, mehr zum Bruttoinlandsprodukt beitragen, eine
niedrigere prozentuale Arbeitslosigkeit haben und ein
höheres Einkommen erwarten können und dass daher
eine Ausweitung der jeweils höheren Qualifikation auch
insgesamt zu einem Anstieg des Bruttoinlandsprodukts,

zu einer Abnahme der Arbeitslosigkeit und zu einem höheren Pro-Kopf-Einkommen führt. Dieses bildungsökonomische Argument beruht auf einem Denkfehler, so prominent und hartnäckig es auch sein mag. Tatsächlich weisen sowohl internationale Vergleichszahlen als auch der zeitliche Verlauf der Arbeitsmarktentwicklung in Deutschland erstaunlich eindeutig darauf hin, dass dieses bildungsökonomische Argument nicht nur auf einem Denkfehler beruht, sondern als empirisch widerlegt gelten kann. Die Diskrepanz ist so augenfällig, dass davor eigentlich kein rationaler Beobachter die Augen verschließen kann: Es sind gerade diejenigen Länder mit niedriger Akademikerquote und einem Angebot nichtakademischer beruflicher Bildung, die praxisorientiert ist (duales System), die die niedrigste Jugendarbeitslosigkeit aller OECD-Länder aufweisen und zugleich eine der höchsten Wirtschaftsleistungen pro Kopf (BIP b.c.). Damit wird nicht etwa behauptet, dass die (am Ende vielleicht sogar staatlich durch Kapazitätssteuerung erzwungene) Absenkung des Akademikerniveaus in Ländern mit hoher Akademikerquote zu einem Absenken der Jugendarbeitslosigkeit und zu einem Anstieg des Bruttoinlandsprodukts pro Kopf führen würde. Damit ist lediglich gesagt, dass jener bildungsökonomische Zusammenhang nicht besteht und dass man auf die konkreten Arbeitsmarkt-, Wirtschafts- und Bildungsbedingungen eines Landes sehen muss, um das jeweilige Bildungssystem adäquat zu gestalten. Die niedrige Jugendarbeitslosigkeit in den Ländern mit niedriger Akademikerquote hängt mit dem System beruflicher Bildung zusammen, das auch diejenigen erfolgreich absolvieren können, die in einem akademischen Studium vermutlich nicht erfolgreich wären. Und umgekehrt gilt, dass viele, die in einem akademischen Studium erfolgreich sind, bei einer Schreinermeisterprüfung versagen würden. Was aber bei dieser Diskussion viel zu wenig beachtet wird, ist der Tatbestand, dass diese beiden Größen, Akademisierungsgrad und berufliche Bildung, zusammenhängen, weil es nur eine jeweils vorgegebene Anzahl von Personen pro Jahrgang gibt, die sich auf die drei Bereiche (ungelernt, Berufsausbildung, akademische Bildung) verteilen. Eine Akademisierungsquote, wie sie in vielen OECD-Ländern unterdessen erreicht ist, ist mit einem attraktiven Angebot nichtakademischer Berufsausbildung unverträglich.

5. *Die erwartete Flexibilisierung des Arbeitsmarktes ist keine überzeugende Begründung für eine möglichst hohe Akademikerquote.* Der Arbeitsmarkt der Zukunft wird von einem höheren Grad an Fluktuation und Dynamik geprägt sein als der der Vergangenheit. Der Anteil derjenigen, die im Laufe ihres Lebens ihre Berufsfelder wechseln, wird steigen. Ob es einen generellen Trend zu selbstständigen Tätigkeiten geben wird, wie dies für die USA prognostiziert wird, hängt auch von politischen Entscheidungen ab. Die Solo-Selbstständigkeit auch im Gefolge der Agenda-Reformen, aber auch der Abschaffung des Meisterprivilegs wird heute eher als Fehlentwicklung denn als hoffnungs-

voller Vorbote des flexiblen Arbeitsmarktes der Zukunft angesehen. Merkwürdigerweise ist auch die Zunahme von Teilzeitbeschäftigungen als »untypische« Beschäftigung weithin in Misskredit geraten, obwohl dies noch vor wenigen Jahren als Mittel für die Vereinbarkeit von Familie und Beruf, aber auch die gerechtere Verteilung des Produktivitätszuwachses interpretiert wurde: Statt überlastete Vollzeitarbeitskräfte mit einem hohen Maß an Überstunden und zugleich eine steigende Langzeitarbeitslosigkeit in Kauf zu nehmen, sollte etwa nach niederländischem Muster die Arbeitszeit pro Kopf reduziert und damit auch bei einem Wirtschaftswachstum unterhalb des Produktivitätswachstums eine ansteigende Arbeitslosigkeit verhindert werden. Ich halte diese Einsicht nicht für grundsätzlich falsch, obgleich die Tatsache, dass Teilzeitarbeitskräfte in der Regel geringe Aufstiegschancen haben und Solo-Selbstständigkeit oft genug ins Prekariat führt, Indizien einer Fehlentwicklung nach dem Muster des US-Arbeitsmarktes sind. Zumindest ist in meinen Augen die skeptische Haltung gegenüber Fachkompetenzen und damit gegenüber dem Berufsbildungssystem Deutschlands, aber auch dem fachorientierten Studium an Fachhochschulen und Universitäten, die sich aus der Vision eines von Solo-Selbstständigkeit geprägten, hochmobilen, ja chaotischen Arbeitsmarktes speist, unberechtigt. Auch die gediegene Fachkompetenz, erworben auf einem beruflichen oder akademischen Bildungsweg, wird auf dem Arbeitsmarkt der Zukunft gefragt sein, während sehr spezifische Fertigkeiten, die nur in ganz spezifischen Berufsfeldern benötigt werden, möglicherweise an Bedeutung verlieren. Aber auch hier ist die Zukunft offen, auch die hochspezialisierte Kompetenz kann sich auf einem dynamischen Arbeitsmarkt bewähren, wenn sie dauerhaft nachgefragt wird oder durch Weiterbildung an sich verändernde Bedingungen angepasst wird.

6. *Nach Lage der Dinge, jedenfalls in Mitteleuropa, scheint mir die Prognose einer Entwertung aller Fachkompetenzen und das damit einhergehende Plädoyer für eine Umsteuerung auf eine unspezifische Kompetenzorientierung des Bildungswesens als Ganzem weniger von empirisch belegbaren Trends, sondern von den Ausläufern einer neoliberalen, im Kern anarchistischen Marktideologie inspiriert zu sein.* Die spezifischen Bedingungen auf dem US-amerikanischen Arbeitsmarkt, die amerikanischen Entwicklungen in Wirtschaft, Gesellschaft und Politik nehmen nur dann die historischen Entwicklungen in Europa vorweg, wenn dieses sich Amerika zum Vorbild nimmt. Die im Vergleich zu Deutschland oder den skandinavischen Ländern schlechte öffentliche Infrastruktur, die wenig effektive öffentliche Verwaltung, das hohe Maß an sozialer Desintegration, für das die Kriminalitätsstatistik ein Indikator ist, das Ausmaß der Vermögenskonzentration, die Abhängigkeit der Politik von großen Lobbygruppen, die Erosion der politischen Öffentlichkeit in den USA haben keinen Vorbildcharakter für die europäische Entwicklung. Auch die Bildungspolitik hat keinen Grund, sich am US-amerikanischen

»Vorbild«, zumal in der verzerrten Wahrnehmung, die in Europa weit verbreitet ist, zu orientieren.

7. *Die Bildungssysteme sind weltweit sehr unterschiedlich, und ich kann nicht erkennen, dass es einen globalen Fortschritt darstellen würde, diese zu homogenisieren.* Die sonst gerne eingeforderte Diversität, die Förderung von Vielfalt, getragen von einer Kultur gleicher Anerkennung und gleichen Respekts, gilt auch in der Bildungspolitik: Kulturelle Traditionen, ökonomische Bedingungen, biographische Muster, die Verteilung der Verantwortung auf unterschiedliche Bildungsträger differieren weltweit erheblich, der aufgebaute Homogenisierungsdruck droht diese Form der Diversität zu beschädigen und damit kulturelle Identitäten, aber auch ökonomische Erfolgsfaktoren in den einzelnen Ländern in Mitleidenschaft zu ziehen. Ich empfehle nicht nur Deutschland, sondern auch anderen Ländern mehr Bildungsstolz, mehr Selbstgewissheit, mehr Zukunftsvertrauen. Nur wer zutiefst verunsichert ist, sucht in der Anpassung sein Heil.

Anhang

Der nächste Bildungsnotstand

von Julian Nida-Rümelin, erschienen in der Süddeutschen Zeitung am 17. Mai 2010

Die Politik begeht große und kleine Fehler. Die Entscheidung, zur Bekämpfung des globalen, fundamentalistisch motivierten Terrorismus im Irak einzumarschieren, war ein großer Fehler. Es gibt kleine Fehler, wie die der Kultusministerkonferenz von 1977, die – einstimmig – beschloss, dem sich abzeichnenden Studentenberg nicht durch einen Ausbau der Hochschulen, sondern mit einer Untertunnelungs-Strategie zu begegnen, das heißt, für einige Jahre eine Überlast in Kauf zu nehmen. Die resultierende Überlastung der Universitäten stellte sich aber nicht als temporär heraus, sondern nahm mit den Jahren, ja Jahrzehnten, weiter zu. Überfüllte Hörsäle, mangelnde Betreuung und dramatisch ansteigende Studienabbrecher-Quoten waren die Folge. Ein kleiner Fehler mit desaströsen Konsequenzen.

Es ist noch nicht lange her, als Konservative angesichts dieses Desasters für eine strengere Auslese, für deutlich reduzierte Studierenden-Quoten argumentierten, während Progressive den Zugang zum akademischen Studium weiter erleichtern wollten. Seit einigen Jahren ist, auch infolge des Bologna-Prozesses mit seinen neuen Bachelor- und Master-Studiengängen und der angestrebten internationalen Anpassung, die bildungspolitische Lage völlig verändert. Konservative wie Progressive plädieren nun, die OECD-Statistiken im Blick, für eine Anhebung der Akademiker-Quote auf 50 Prozent. Wenn damit zugleich der Irrtum von 1977 korrigiert werden sollte, so bedeutete dies eine Verdreifachung des Personals an den deutschen Hochschulen. Davon ist allerdings nicht die Rede.

Das Umbauprogramm setzt auf mehr Betreuung, schnellere Studienabschlüsse, deren internationale Vergleichbarkeit und höhere Mobilität. Vor allem aber setzt es auf etwas, das nirgendwo ausgesprochen wird: auf Dequalifizierung.

Unheilige Allianz

Bedingung selbstverantworteter Forschung und Lehre war bislang die Habilitation. An dieser Hürde scheiterten allzu viele wissenschaftliche Karrieren, und sie hielt Nachwuchsforscher zu lange in Abhängigkeit. Um eine Magisterarbeit betreuen zu können, musste man bis dato habilitiert sein. Der bayerische Landesgesetzgeber hat nun bestimmt, dass als Qualifikation der betreffende Studienabschluss ausreicht. Kurz: Wer vor wenigen Monaten seinen Master gemacht hat, kann eine Masterprüfung abnehmen.

Die Dequalifizierung betrifft aber nicht nur den akademischen Bereich, sondern vor allem auch den nichtakademischen. In einer unheiligen Allianz aus Marktwirtschafts-Ideologie und Bildungsfeindschaft wurde die Bedeutung der

Meister- und Gesellenprüfungen in den vergangenen Jahren kontinuierlich vermindert. Das duale System aus betrieblicher Ausbildung und staatlich verantworteter beruflicher Bildung ist in einer Krise. Das hervorstechende Merkmal der deutschen Wirtschaft, nämlich über ein hohes Qualifikations-Niveau der Arbeitnehmerschaft zu verfügen, das sich auch statistisch im Vergleich etwa zu Großbritannien oder den USA immer noch zweifelsfrei belegen lässt und das international agierende Firmen rühmen – dieses Merkmal ist in Gefahr.

Das Szenario sieht etwa folgendermaßen aus: Die Akademikerquote, also der Anteil der Absolventen eines Hochschulstudiums an einem Jahrgang, wird auf 50 Prozent angehoben. Angesichts der knappen Personalressourcen studiert die ganz überwältigende Mehrzahl bis zum Bachelor, schon deswegen, weil für die Master-Studiengänge keine ausreichenden Kapazitäten mehr bereitstehen. Die Lehre in den Bachelor-Studiengängen entkoppelt sich von der wissenschaftlichen Forschung, verschult und erstarrt. Nach einigen Jahren hinkt sie dem Forschungsstand weit hinterher.

Nur noch ein Bruchteil der späteren Akademiker erfährt die direkte Konfrontation mit der Forschung, die eigene Beteiligung an Forschungsprojekten und Methodendiskussionen eines Lehrstuhls, wovon Wilhelm von Humboldt zu Recht Persönlichkeitsbildung, Stärkung der Urteilskraft, geistige Unabhängigkeit und Entscheidungsstärke erwartete. Der Weg in den Beruf führt für die allermeisten über Hochschulreife und Bachelor-Studium. Wer auf dem Weg dorthin scheitert, geht nicht mehr den mühevollen Weg der

Facharbeiter-Ausbildung, sondern sucht die einfachere Lösung über Anlernen im Job mit unsicheren Aussichten und niedrigem Einkommen – so ist jedenfalls die amerikanische Erfahrung, wo die Akademikerquote über 50 Prozent liegt.

Gibt es zu diesem Schreckensszenario eine Alternative? Und wenn, ist diese noch realisierbar? Ja. Wir sollten diejenigen Wege in den Beruf, die neben einem akademischen Studium in Deutschland vorhanden sind, nicht ab-, sondern aufwerten. Unser Arbeitsmarkt tut dies seit einigen Jahren (anders als in vielen anderen Ländern der Welt), indem sich die Lebenseinkommen von Facharbeitern und Akademikern zunehmend angleichen. Während eine Reihe von Defiziten zu beklagen sind (zum Beispiel haben wir zu wenig Absolventen ingenieurwissenschaftlicher Studiengänge), gibt es offensichtlich auch einen großen Bereich, in dem die Studierendenzahlen heute zu hoch sind.

Überkommene Bildungsideologie

Hier hat Deutschland eine attraktive Alternative, die man ausbauen kann. Die oft allzu engen Ausbildungsgänge in den Lehrberufen müssen mit Bildungsinhalten, auch mit wissenschaftlichen Inhalten, angereichert werden. Kurz: Bildung wird auch in diesen sogenannten Ausbildungsberufen zur besten Qualifikation. Wir müssen die Idee einer Hierarchie von Bildungsabschlüssen aufgeben. Es gibt kein Oben und Unten, sondern es gibt ein breites Spektrum von Wegen in den Beruf, die unterschiedliche Begabungen und Interessen spiegeln. Wir sollten den Begriff der »sozialen Selektivität« einmotten. Er ist zur Kritik der allzu frühen Weichenstellung der Bildungswege in Deutschland sinnvoll gewesen, aber er ist einer überkommenen Bildungsideologie verhaftet. Die dünkelhafte Herabsetzung handwerklicher und technischer Begabungen und Interessen sollte endlich der Vergangenheit angehören.

Wenn man den Statistiken glauben darf, haben wir in Deutschland einen besonderen Mangel an Ingenieuren und an Schlossern (ja: Schlossern). Wir haben dagegen keinen Mangel an Architekten, Juristen, Kommunikationswissenschaftlern und Germanisten. Die pauschale Anhebung der Akademiker-Quote macht in Deutschland weder bildungspolitisch noch volkswirtschaftlich Sinn. In Kombination mit der dramatischen Unterfinanzierung des Bildungssektors führt dieser Weg in einen zweiten Bildungsnotstand.

Bildungspolitik auf Abwegen

von Julian Nida-Rümelin, erschienen in gekürzter Fassung in der Frankfurter Allgemeinen Zeitung am 16. August 2013

Die Verunsicherung seit der ersten PISA-Studie hat gewirkt. Deutschland ist nicht mehr stolz auf seine eigene Bildungstradition, sondern schielt ängstlich ins Ausland, im Bestreben sich internationalen Standards anzupassen. Unter der Hand wird das US-amerikanische Bildungssystem zum Vorbild. Und zweifellos, die Vereinigten Staaten haben, wenn man einmal von Oxford und Cambridge absieht, die besten Spitzenuniversitäten der Welt, die meisten Nobelpreisträger und die einflussreichsten Journals. Die Vermutung liegt nahe, dass dies nur die sichtbarste Form eines besonders leistungsfähigen Bildungssystems ist. Diese Einschätzung ist falsch. Das amerikanische Bildungssystem ist noch selektiver als das deutsche und es produziert einen hohen Anteil von Bildungsverlierern. Seine Übertragung auf Deutschland würde zudem die größte Stärke der deutschen Bildungstradition beschädigen: Die Verbindung von staatlicher Bildung und beruflicher Ausbildung im Betrieb, das sogenannte Duale System.

Nun könnte man entgegenhalten, niemand beabsichtige doch die Bildungspraxis der USA auf Deutschland zu übertragen. Umso schlimmer, dann schlagen wir einen Weg ein, der das gleiche Ergebnis hat, ohne das es beabsichtigt wäre. Wir folgen dann nicht bewusst, sondern blind einem, für Deutschland nicht geeigneten Bildungsweg. PISA selbst bietet dafür schon einmal einen Vorgeschmack, es prüft das ab, was an amerikanischen Schulen leidlich gelernt wird: Das Leseverständnis von Alltagstexten und mathematisch-naturwissenschaftliches Grundverständnis. Kein Fachwissen, keinen Bildungshintergrund, keine Fremdsprache und das bei immerhin 15-jährigen Schülern. Warum wurde das Leseverständnis von 15-Jährigen in einer Fremdsprache nicht geprüft? Weil es nicht abprüfbar wäre? Nein, sondern vermutlich deswegen, weil diejenige Nation, die etwa die Hälfte des OECD-Etats stellt, dann nicht mittelmäßig, sondern katastrophal abgeschnitten hätte.

Die deutsche Bildungstradition weist Vor-, aber auch Nachteile gegenüber der amerikanischen auf. Zu den Nachteilen gehört, dass sie die praktischen Erfahrungen weitgehend aus dem Schulwesen verbannt. Ich habe an anderer Stelle dafür plädiert, dem idealistischen Bildungsverständnis, das besonders mit dem Namen Wilhelm von Humboldts verbunden ist, Impulse aus dem Fundus des amerikanischen Pragmatisten John Dewey zu geben (in: *Philosophie einer humanen Bildung* [2013]). Aber die zentrale Idee über Fachwissen, über die Kenntnis methodischen Denkens und Analysierens Urteilskraft zu fördern, gehört zu den Stärken, jedenfalls der höheren und der höchsten Bildung in Deutschland. Die aktuelle Umsteuerung auf bloße Kompetenzen gefährdet diese Stärke.

Ein BA-Studium in den USA führt nicht zur Berufsfertigkeit, wie hierzulande oft angenommen wird, es vermittelt Kompetenzen, erworben in einem mehr oder weniger bunten Spektrum von Fachgebieten mit geringer Tiefe und wenig methodischer Präzision. Das wissenschaftliche Studium beginnt erst danach. Diejenigen, und das sind die allermeisten, die nach dem BA-Abschluss in die Berufstätigkeit wechseln, haben kein wissenschaftliches Studium absolviert und keine Berufsausbildung abgeschlossen. Die amerikanischen Unternehmen sind darauf eingestellt: learning-on-the-job, die deutschen nicht.

Bei der Umstellung auf modularisierte Studiengänge, ging die deutsche Bildungspolitik davon aus, dass – nach amerikanischem Muster – nur 20 % nach dem BA-Abschluss weiter studieren würden, 80 % sollten dann berufsfertig auf den »akademischen« Arbeitsmarkt entlassen werden. Die Wünsche der Studierenden machten einen Strich durch die Rechnung. Umgekehrt wollen heute rund 80 % weiter studieren und nur 20 % nach dem BA-Abschluss in den Beruf gehen.

Die OECD hat Deutschland, aber auch Österreich und die Schweiz für zu niedrige Akademikerquoten, für einen zu kleinen »tertiären Sektor« getadelt. Dieselbe Organisation hat festgestellt, dass die Jugendarbeitslosigkeit in diesen drei Ländern besonders niedrig ist und in diesem Zusammenhang das Duale System gelobt. Sie war interessanterweise nicht in der Lage die Widersprüchlichkeit ihrer Empfehlungen zu durchschauen. Wir sind auf dem besten Wege, das zu zerstören, was seit Kurzem mit Mühe in Spanien, Großbritannien oder auch in den Vereinigten Staaten etabliert werden soll, die Verbindung von Ausbildung im Betrieb und in der Berufsschule.

Die Zahl der Studienanfänger hat sich in den letzten fünfzehn Jahren knapp verdoppelt. Wir sind auf dem Weg nach Amerika. Die Hälfte eines Jahrgangs will studieren, die andere Hälfte nicht. Fast 20 % schaffen gar keinen Berufsabschluss und sind in hohem Maße von Arbeitslosigkeit bedroht. Das, was von Links bis Rechts, bei leisem Murren der Industrie- und Handelskammern und einzelner Gewerkschaften, begrüßt und gefördert wird, muss zwangsläufig am Ende das so viel gelobte Duale System zerstören. Denn mit 30 % eines Jahrgangs ließe sich die ganze Vielfalt von nichtakademischen Fachkräften nicht mehr ausbilden. Die Struktur der Aufgabenverteilung im Betrieb und die Dynamik eines industriellen Arbeitsmarktes mit hohen Qualifikationserfordernissen auch außerhalb akademischer Berufe wären gefährdet.

Der Verband der Bayerischen Wirtschaft hat kürzlich eine Studie veröffentlicht, wonach der nicht gedeckte Fachkräftebedarf der bayerischen Wirtschaft im Jahre 2020 bei 230 000 Personen liege und dass davon 43 000 Akademiker seien. Zugleich wird der Anstieg der Studierenden pro Jahrgang gelobt und der weitere Ausbau von Studienplätzen gefordert. Den Autoren ist offenbar nicht aufgefallen, dass die präsentierten Daten diese Forderungen ad absurdum führen. Die Befunde zeigen, wenn sie verlässlich sein sollten, dass das Gros des vielbeschworenen Fachkräftebedarfs (nämlich über 80 %) außerakademische Berufe betrifft.

Eine Angleichung an amerikanische Verhältnisse würde auf eine Akademisierung zahlreicher Ausbildungsberufe hinauslaufen. Ich bin sehr skeptisch, ob das der Qualifikation wirklich dienen würde. Es ist nicht von vorneherein plausibel, dass Hochschullehrer die besten Ausbilder für Erzieherinnen, medizinisch-technische Assistenten, Elektrotechniker und Mechatroniker sein würden. Die Hochschulen in Deutschland sind nicht die ideale Stätte der Berufsausbildung und werden es auch durch ein bildungspolitisches Oktroi nicht werden. Die Karrieren der Lehrenden beruhen zu einem großen Teil auf eigenen Forschungsleistungen, die Lehre ist durch eigene Forschungserfahrungen geprägt und die Studierenden werden – von Fach zu Fach unterschiedlich – im Laufe ihres Studiums an Forschungsfragen herangeführt und setzen sich mit diesen in ihren Abschlussarbeiten auseinander. In den USA gilt dies nur für 12 % aller Studierenden, in Deutschland für 70 %. Wenn wir die Akademikerquote eines Jahrgangs so definieren, also zählen, wie viele an Einrichtungen studieren, an denen auch geforscht wird, wiese die USA eine Akademikerquote von rund 6 % auf.

Gegenwärtig gibt es einen starken Trend die Unterschiede der nationalen Bildungstraditionen einzuebnen. Dies scheint dem Geist der Zeit zu entsprechen, der nach nivellierter Kultur und Bildung als Begleitphänomene einer globalisierten Ökonomie verlangt. Der Europäische Qualifikationsrahmen, die Modularisierung des Studiums und eine oberflächliche, Fachwissen abwertende Kompetenzorientierung sind äußerer Ausdruck dieses Zeitgeistes. Die Frage ist aber auch hier, ob das zutrifft, ob es tatsächlich von Vorteil ist, sich vermeintlichen oder tatsächlichen internationalen Trends anzuschließen, um die internationale Konkurrenzfähigkeit der Bildungsabschlüsse und die Mobilität der Absolventen zu fördern.

Generell stellt sich die Frage, ob Globalisierung Homogenität erfordert. Auch Diversität kann eine Antwort auf die Herausforderungen der wirtschaftlichen und kulturellen Globalisierung sein. Warum sollen sich nicht ganze Nationen, nicht nur einzelne Bildungseinrichtungen voneinander in ihrer Bildungsphilosophie und ihrer Bildungspraxis unterscheiden und gerade dadurch besondere Chancen auf den Arbeitsmärkten realisieren? Die deutsche Bildungstradition unterscheidet sich nicht nur von der amerikanischen, sondern auch von der französischen und der britischen, weniger von der spanischen und italienischen, wenn man von der Besonderheit der dualen Bildung absieht, und sie war lange erfolgreich. Allerdings wurde der Bildung über Jahrzehnte nicht die Priorität eingeräumt, die sie verdient. Deutschland wendet unterdurchschnittlich Anteile seines Sozialprodukts für Bildung auf, und dieser ist seit 1977 deutlich gesunken. Um auch nur das damalige Niveau wieder zu erreichen, müssten zusätzlich 35 Milliarden Euro jährlich in Bildung investiert werden. Hier, in der langjährigen Geringschätzung von Bildungsinvestitionen liegt das eigentliche Problem.

Warum sollte dieses Land also nicht die Stärken des eigenen Bildungssystems ausbauen, sich unter Umständen sogar deutlicher von internationalen Trends oder jedenfalls Trends jenseits des Atlantiks absetzen, um an seinen vormaligen Status einer führenden Bildungsnation, die erst endgültig durch die zwölf Jahre NS-Diktatur zerstört wurde, anzuknüpfen? Die Konturen eines solchen Weges lassen sich benennen: erstens Persönlichkeitsbildung durch Selbstdenken und Schulung in Abstraktion; zweitens Vorrang der Allgemeinbildung vor der Spezialbildung im Sinne einer Vorbereitung auf spezifische Berufsfertigkeiten; drittens gleiche kulturelle Anerkennung unterschiedlicher Bildungswege, insbesondere des Bildungsweges zum Facharbeiter bzw. zum Akademiker; viertens Hochschätzung der mathematischen, technischen und handwerklichen Kompetenzen, kein akademischer Bildungsdünkel.

»Wir sollten den Akademisierungs-wahn stoppen«

Julian Nida-Rümelin spricht über fehlenden Respekt vor Azubis,
schwache Studenten und die gescheiterte Studienreform,
erschienen in der Frankfurter Allgemeinen Sonntagszeitung am
1. September 2013

■ *Herr Nida-Rümelin, manche sehen die Universität in einer tiefen*
Krise, weil sie überfüllt und unterfinanziert sei. Die anderen sagen,
die Hochschulen boomen, weil sie so viel Geld und Studenten haben
wie nie zuvor. Was stimmt denn nun?

Es gibt beides, positive und negative Aspekte, das war immer
so. Krisenphänomene haben die europäische Universität seit
ihren Anfängen im zwölften Jahrhundert begleitet. Wir stehen vor einer Weichenstellung: Es geht um eine Frage, die
das ganze Bildungssystem berührt: Soll die Universität eine
Vielzahl von Berufen aufnehmen und sie akademisieren?
Und soll dann das Gros der Studierenden nach drei Jahren
von der Universität abgehen, wie es die Bologna-Reform mit
ihren Bachelorstudiengängen vorsieht? Oder wollen wir die

besondere Stärke des deutschen Bildungssystems als Ganzes erhalten?

■ *Was wäre diese Qualität in Ihren Augen?*

Dass eine hochwertige Berufsausbildung weiter im dualen System erfolgt. Das kann aber nur funktionieren, wenn die Mehrzahl eines Jahrgangs weiter in die berufliche Lehre geht, nicht eine kleine Minderheit.

■ *Das bedeutet, Sie wollen die Öffnung der Hochschulen wieder rückgängig machen?*

Nein, das will ich natürlich nicht. Wir haben ja jetzt auch noch mehr Auszubildende als Studenten.

■ *Aber die Abiturquote schnellt unaufhaltsam in die Höhe.*

Sie liegt jetzt bei knapp 50 Prozent eines Jahrgangs und hat sich damit in den letzten 12 oder 13 Jahren nahezu verdoppelt. Wir haben aber immer noch viele Abiturienten, die kein Studium aufnehmen und lieber eine Lehre machen. Zugleich legen rund 17 Prozent der Jugendlichen überhaupt keine Berufsausbildung ab. Von daher haben wir bislang noch ein leichtes Übergewicht für Ausbildungsberufe. Die Zahlen ändern sich aber Jahr für Jahr, bald laufen die Studenten den Azubis den Rang ab. Das finde ich falsch. Wir sollten den Akademisierungswahn stoppen.

■ Sie sind Sozialdemokrat, also Mitglied einer Partei, die historisch und auch ganz aktuell für Bildungsexpansion steht.

Ich bin zunächst Philosoph, der versuchen muss, das Wesen der Entwicklungen zu verstehen und einzuordnen. Bildungsexpansion heißt mehr Bildung für mehr Menschen – das befürworte ich –, aber nicht Universitätsstudium für alle. Was ich der Bildungspolitik aller Parteien – auch der SPD – vorwerfe, ist, dass sie einen Weg eingeschlagen hat, der dazu führen könnte, die einzigartige Qualität des deutschen Bildungssystems zu beschädigen oder zu zerstören – nämlich die Herausbildung einer exzellenten Facharbeiterschaft, die alle Schichten der Gesellschaft aufnimmt. Wir erleben ja gerade, dass ganz Europa in seiner Finanz- und Arbeitskrise neidisch auf Deutschland schaut – und auf sein Ausbildungsmodell.

■ Die Bundesregierung nutzt das und will im großen Stil Jugendliche aus den Krisenländern mit hoher Jugendarbeitslosigkeit nach Deutschland zur Ausbildung holen.

Ich finde es hochgefährlich für den sozialen Zusammenhalt in der Gesellschaft, wenn wir die besten Jugendlichen aus den Krisenländern abwerben – und die prekär gebildeten deutschen Jugendlichen aus dem Blick verlieren. Es ist beinahe zynisch von der Bundesregierung zu erklären, das helfe der Jugendarbeitslosigkeit in diesen Ländern und schließe unsere Angebotslücke. In Wahrheit ist es ein unfreundlicher Akt gegenüber Staaten wie Spanien oder Italien.

■ *Was wäre denn dann Ihr Lösungsansatz für das Phänomen, das Sie beschreiben? Der große Zug zum Abitur ist ja nicht in erster Linie staatlich gewollt. Es gibt einen Druck auf das Abitur, der von den Eltern kommt und der auch von der OECD genährt wird, der Organisation für wirtschaftliche Zusammenarbeit und Entwicklung.*

Dann reden wir mal über Qualitäts-Standards.

■ *Ach, Sie meinen, die jungen Leute sind zu dumm zum Studieren?*

Sie sollten gewisse Voraussetzungen für ein Studium mitbringen. Ein Ingenieur sollte Mathematik können. Das bedeutet, dass einige, die nach einem Semester erkennen, es reicht nicht in Mathe, die Ingenieursfächer oder etwa Physik wieder verlassen sollten. Ich glaube übrigens nicht, dass der Weg der richtige ist, den die OECD auch für Deutschland aus durchsichtigen Motiven beschrieben hat.

■ *Und die wären?*

Einen globalen Markt vergleichbarer Abschlüsse zu schaffen. Das mag im Interesse mancher großen Unternehmen sein, ist aber nicht gut für die Vielfalt der Bildungstraditionen und -kulturen. Ich bin da sehr skeptisch.

■ *Die OECD hat in der Pisastudie einen zutiefst humboldtianischen und emanzipatorischen Begriff zugrunde gelegt: Lesefähigkeit. Das ist die Fähigkeit, sich artikulieren zu können, die Basiskompetenz,*

um an Gesellschaft und Arbeit teilhaben zu können – nicht gerade
ein antihumanistisches Programm.

Kein Widerspruch. Lesekompetenz ist auf jeden Fall wichtig und auch mathematisches Verständnis. Dagegen habe ich überhaupt nichts. Wogegen ich aber etwas habe, ist, das zum entscheidenden Maß für den Erfolg von Bildung zu erklären. Das versuche ich in meiner »Philosophie einer humanen Bildung« zu zeigen. Wieso zum Beispiel gehört zum Pisatest keine Lesekompetenz in der ersten Fremdsprache von Fünfzehnjährigen? Über eine zweite Sprache zu verfügen ist wichtig, um sich verständigen zu können. Es ist allgemein Ausdruck von Respekt gegenüber anderen Kulturen – ein europäischer Gedanke, der durch die Globalisierung weltweit wichtig geworden ist. Wer Fünfzehnjährigen nicht zumutet, eine Fremdsprache zu lernen, hat schon deswegen versagt. Die Antwort liegt übrigens auf der Hand: Weil sonst die Vereinigten Staaten, die die Hälfte der OECD-Mittel aufbringen, nicht nur mittelprächtig, sondern katastrophal abgeschnitten hätten.

◼ *Weil die Amerikaner …*

… in der Regel keine anderen Sprachen können und in der Schule Fremdsprachen nicht lernen müssen.

◼ *Welche Sprache hätten Sie genommen in einem weltweiten Vergleich, wie Pisa einer ist?*

Jeweils eine zweite Sprache, die in den Schulen des Landes gelernt wird. Es kann mir niemand erzählen, dass das wissenschaftlich nicht möglich gewesen wäre, auch diese Kompetenz bei Pisa vergleichbar zu messen. Wenn Sie genau hinschauen, erkennen Sie, dass das ganze Pisa-Programm auf berufliche Verwertbarkeit und nicht auf Persönlichkeitsbildung ausgerichtet ist: Warum bezieht sich Lesekompetenz in den Testfragen fast ausschließlich auf Gebrauchstexte und nicht etwa auf literarische Texte? Warum spielt der Bildungshintergrund keine Rolle, ich meine damit zum Beispiel Grundkenntnisse der Weltgeschichte? Was wir seit Pisa verstärkt an den Schulen beobachten können, ist die Tendenz, Fachwissen in fast allen Bereichen zurückzudrängen. Obwohl diese fachliche Ausbildung eine so große Rolle gespielt hat beim Aufstieg Deutschlands zu einer der großen Wirtschafts-, Innovations- und Technologienationen.

■ *Darf ich noch mal zur Uni zurückkommen? Die Grundidee der Bologna-Reform für Deutschland, ein studierfähiges Studium an den Hochschulen zu bekommen, diese Idee war doch nicht falsch?*

Darum ging es aber gar nicht. Ziel war die Vergleichbarkeit und Homogenisierung der Studienstrukturen in Europa, die in Frankreich, Großbritannien oder Deutschland und Italien sehr unterschiedlich waren. Dabei sind die europäischen Wissenschaftsminister auf ein Modell verfallen, das es weltweit so noch nie gegeben hat. Es lief darauf hinaus, dass man nach drei Jahren an der Hochschule berufsfertig ist – und geht. Nicht mal in den Vereinigten Staaten ist ein Student so schnell fertig. Dort wird vier Jahre eher allgemeinbildend studiert, und erst danach beginnt die Spezialisierung, wenn man ins Masterstudium eintritt. Glücklicherweise haben sich viele gegen dieses artifizielle Bologna-Modell gewehrt.

◼ *Sie meinen sich selbst als scharfen Kritiker der Reform.*

Und viele andere. Die Studenten haben die Drei-Jahres-Regel nicht mitgemacht. Die Reform sah vor – ich habe die Flip-charts noch vor meinen Augen –, dass 80 Prozent der Studenten nach drei Jahren aus der Uni Richtung Arbeitsmarkt ausscheiden und 20 Prozent im Master weiter studieren. Da wurden amerikanische Werte als Vorbild genommen. Die Studierenden aber planen ihr Studium gerade andersherum: 80 Prozent wollen weiter studieren. Eine schöne Ironie ist auch, dass man inzwischen wieder bei der gleichen Studienlänge angekommen ist – bei etwa fünf bis sechs Jahren. Die war beim Magister ähnlich.

◼ *Sie idealisieren den Zustand vor der Bachelor-Reform. Es gab teilweise gigantische Abbrecherzahlen.*

Die Abbrecherquote ist in den neuen Studiengängen im Schnitt sogar höher als in den alten Diplom- und Staatsexamen. Ich idealisiere das alte Studium aber überhaupt nicht, sondern fand es absolut untragbar, dass wir 80 oder mehr Prozent Studienabbrecher in bestimmten Fächern hatten. Das durfte nicht so bleiben. Aber dafür gab es Ursachen, die mit der Bachelor-Reform nichts zu tun haben.

■ *Was meinen Sie?*

1977 haben die Kultusminister einstimmig beschlossen, die
Überfüllung der Hochschulen hinzunehmen. Sie wollten
den Studentenberg untertunneln. Die Professoren haben
ihrerseits darauf reagiert und den Betreuungsaufwand mi-
nimiert. Sie haben die Studenten nicht an die Hand genommen, bei Seminaren mit hundert Teilnehmern ist das auch
nicht möglich – und so merkten viele erst im zehnten Semester: »Mensch, das kann ich ja gar nicht.« Die Orientierungslosigkeit vieler Studenten lag also nicht an den Studienstrukturen, sondern an einer skandalösen Unterfinanzierung.

■ *Eine Politik, die auch Sozialdemokraten in den Ländern*
praktiziert haben.

Auch hier gilt der parteiübergreifend falsche Konsens. Die
Länder haben mit dem berühmten Untertunnelungsbe-
schluss 1977 de facto die für die Bundesrepublik so wichtige
Bildungsexpansion der sechziger und siebziger Jahre sabo-
tiert.

■ *Machen Sie nicht das Gleiche, wenn Sie jetzt die Bildungs-*
expansion der 2010er Jahre zurückpfeifen?

Nein, das tue ich nicht. Es findet gegenwärtig keine Bildungsexpansion statt, die soziale Selektivität in Deutschland ist skandalös hoch, höher als in den siebziger Jahren.
Ich bin sehr für eine durchdachte Bildungsexpansion. Wir

werden bald 60 Prozent Studienberechtigte pro Jahrgang haben, in manchen Städten liegen wir schon bei 70 Prozent. Meine These ist, dass sich daraus eine neue Qualität ergibt – eine negative. Wir gefährden den Kern des deutschen Wirtschaftsmodells, die auf exzellenten Qualifikationen begründeten mittelständischen Unternehmen, die auf dem Weltmarkt mitspielen können. Glaubt irgendjemand ernsthaft, dass, wenn alle studieren, alle in Zukunft Führungsfunktionen in Staat und Wirtschaft einnehmen werden? Das ist naives Wunschdenken. Die Konkurrenz verschiebt sich, und die Gefahr besteht, dass es am Ende darauf ankommt, welchen Namen die Schule und die Hochschule hatte, an der man studierte. Und warum sollen auch alle studieren? Ich kann nicht verstehen, wieso die Bundesregierung in ihrem zweijährigen Bildungsbericht jene Abiturienten geradezu schmäht, die kein Studium beginnen. »Wer es nicht bis zur Hochschulreife schafft, der ist gescheitert« – das ist eine ganz gefährliche Botschaft.

▪ *Spielen Sie nicht die alte Leier, dass der Schuster bei seinem Leisten bleiben solle – und das Arbeiterkind sich, bitte schön, mit der Hauptschule zufriedengeben soll?*

Es darf nicht durch die soziale Herkunft vorherbestimmt sein, wer Erfolg hat und wer nicht. Talent darf nicht von Geldbeutel und Herkunft abhängig sein. Aber es gibt unterschiedliche Talente und Interessen. Nicht jeder muss Lust darauf haben, komplizierte Texte zu lesen oder aus dem Lateinischen zu übersetzen. Und das ist doch auch nicht

schlimm. Wieso soll man es abwerten, wenn jemand praktische oder künstlerische Talente an sich entdeckt und entwickelt? Unsere Schulen vernachlässigen das aber. Sie sind
einseitig auf das Kognitive und die meist nur kurzfristige
Wissensakkumulation orientiert, das Ästhetische, das Technische, das Soziale kommt zu kurz.

■ *Ich frage mich, wie Sie diese Botschaft formulieren wollen.*
Helmut Kohl gab der dualen Ausbildung den absoluten
Vorrang …

… er sagte, lernt was G'scheites …

■ *… und der deutsche Erfinder der Pisastudien Andreas Schleicher*
sagt: »Ihr solltet auf jeden Fall studieren!« Was ist Ihre Botschaft?

Gleicher Respekt vor allen Talenten. Jede Begabung ist
gleichwertig, eine Elektrotechnikerin verdient die gleiche
Anerkennung wie ein Professor oder ein Manager oder eine
Erzieherin.

■ *Und alle sollen auch das Gleiche verdienen?*

Das kann und will niemand dekretieren, das regelt – überwiegend – der Markt. Aber wir müssen uns schon die Frage
stellen: Macht eine Erzieherin einen wichtigen Job? Ja! Übt
sie eine qualifizierte Tätigkeit aus? Ja! Brauchen wir diesen
Beruf?

■ *Alle tun jedenfalls so.*

Wie kommen wir dann dazu, sie so miserabel zu bezahlen, dass eine Erzieherin sich eine Stadt wie München praktisch nicht leisten kann und wir entsprechend einen großen Arbeitskräftemangel in diesem Bereich in den Großstädten haben?

Das Gespräch mit Julian Nida-Rümelin führte Christian Füller.

Tabelle I:
Akademiker-, Studienanfänger-, Absolventenquote, Jugendarbeitslosigkeit und Bruttoinlandsprodukt im internationalen Vergleich
(2011)[1]

	Akademiker- quote in %	Studienanfän- gerquote in %	Absolventen- quote in %	Jugendar- beitslosigkeit in %	Bruttoinlands- produkt pro Kopf in US-$
Deutschland	16	46	31	9	40.990
Finnland	25	68	49	19	38.618
Frankreich	18	39	–	22	36.391
Griechenland	18	40	–	44	27.045
Groß- britannien	30	64	55	20	35.091
Italien	15	48	32	29	33.860
Österreich	12	52	35	8	42.978
Schweden	26	72	41	23	41.761
Schweiz	25 (13)[2]	44	32	8	51.582
Spanien	22	53	32	46	32.156
OECD – Durchschnitt	23	60	39	19	35.797

Anmerkungen zur Tabelle

1 Es gibt verschiedene Möglichkeiten, die Akademikerquote zu definieren. Die hier angegebenen Zahlenwerte stammen von der OECD *(Education at a Glance 2013)* und stellen den Anteil der Bevölkerung (25- bis 64-Jährige) mit (akademischem) tertiärem Bildungsabschluss (ISCED 5A und 6, also für Deutschland Fachhochschul- und Hochschulabschluss bzw. Promotion) dar. Es ist allerdings zu beachten, dass unter Akademikerquote auch gerne der entsprechende Anteil der Bevölkerung mit tertiärem Bildungsabschluss allgemein (ISCED 5A, 5B und 6) verstanden wird. Dieser Wert (28 %, 2011) beträfe allerdings dann in Deutschland auch die Techniker und Meister, die sinnvollerweise nicht als Akademiker bezeichnet werden können (siehe Tabelle II für eine Darstellung der unterschiedlichen Akademikerquoten). Die Studienanfängerquote stellt die Summe der Anteile der Studienanfänger (ISCED 5A) der einzelnen Jahrgänge dar. Analoges gilt für die Absolventenquote, wobei jeweils nur der erste Abschluss gezählt wird. Die Jugendarbeitslosigkeit betrifft die Arbeitslosenquote der 15- bis 24-Jährigen. Das Bruttoinlandsprodukt ist hinsichtlich gegenwärtiger Kurse und um die Kaufkraftparität bereinigt. (Quellen: *OECD Education at a Glance 2013* und in der OECD iLibrary, http://stats. oecd.org/, zuletzt aufgerufen am 31.05.2014.)

2 Die Akademikerquote hat sich somit in nur 8 Jahren fast verdoppelt. Der rasche Anstieg der Akademikerquote in der Schweiz ist schwer nachzuvollziehen. Nach Angaben des Bundesamts für Statistik der Schweiz ist die Akademikerquote (Anteil der 25- bis 64-Jährigen mit einem Hochschulabschluss) von 2005 bis 2013 von 13,2 % auf 25,2 % angestiegen. Mit einer Absolventenquote von ca. 30 % ist es rechnerisch allerdings gar nicht möglich, die Akademikerquote mit nur 8 wechselnden Jahrgängen um mehr als 10 % zu erhöhen. http://www.bfs.admin.ch/bfs/portal/de/index/themen/20/05/blank/key/gleichstellung_und/bildungsstand.html (zuletzt aufgerufen am 08.07.2014).

Tabelle II:
Akademikerquoten im internationalen Vergleich nach herausgebender Organis
und Definition in %: OECD akademisch (OA), OECD tertiär (OT), Eurostat (ES) ur
Ländersicht (LS)

	2005				2008		
	OA	OT	ES	LS	OA	OT	ES
Deutschland	15	25	21	12	16	25	21
Finnland	18	35	29	–	22	37	30
Großbritannien	21	30	27	27	24	35	29
Italien	12	12	11	9	14	14	13
Österreich	9	18	15	–	11	18	15
Schweiz	19	29	24	13	23	34	27
Schweden	21	30	26	18	23	32	27
Spanien	20	28	26	28	20	29	27
USA	30	39	–	–	32	41	–
OECD – Durchschnitt	19	27	–	–	21	29	–

Legende:

OA: Bevölkerung mit einem akademischen tertiären Bildungsabschluss (25- bis 64-Jähr
in Prozent (ISCED 5A & 6) nach OECD-Angaben

OT: Bevölkerung mit einem tertiären Bildungsabschluss (25- bis 64-Jährige) in Prozent
(ISCED 5A, 5B & 6) nach OECD-Angaben

ES: Bevölkerung mit einem tertiären Bildungsabschluss (15- bis 64-Jährige) in Prozent
Eurostat-Angaben

LS: Bevölkerung mit einem tertiären bzw. akademischen Bildungsabschluss aus Sicht
Länder:

– Deutschland: ab 15-Jährige, Abschlussart: Fachhochschule, Hochschule & Promotio

– Finnland: ab 15-Jährige, Abschlussart: ISCED 5A & 6

– Großbritannien: 16- bis 64-Jährige, Abschlussart: NVQ4 und höher

9			2010				2011			
OT	ES	LS	OA	OT	ES	LS	OA	OT	ES	LS
26	22	14	17	27	23	14	16	28	24	13
37	31	–	23	38	32	17	25	39	33	18
37	30	30	28	38	32	31	30	39	33	33
15	13	11	14	15	13	11	15	15	13	11
19	16	11	12	19	16	12	12	19	17	12
35	29	20	24	35	30	22	25	35	30	23
33	28	–	25	34	28	–	26	35	29	24
30	27	30	28	31	28	31	22	32	29	32
41	–	10	32	42	–	–	32	42	–	11
30	–	–	22	31	–	–	23	32	–	–

talien: ab 15-Jährige, Abschlussart: Hochschule

Österreich: 25- bis 64-Jährige, Abschlussart: Fachhochschule & Hochschule

Schweiz: 25- bis 64-Jährige, Abschlussart: Hochschule

Schweden: 25- bis 64-Jährige, Abschlussart: Post secondary education, 3 years and more & Post graduate education

Spanien: 25- bis 64-Jährige, Abschlussart: Educación Superior

USA: ab 25-Jährige, Abschlussart: Master, Professional school, Doctorate degree

ellen: OECD Education at a Glance; Eurostat; Statistisches Bundesamt Deutschland; tistics Finland; Nomis UK; Istituto nazionale di statistica Italia; Statistik Austria; Bundes-t für Statistik Schweiz; Arctic Stat; Ministerio de educación, cultura y deporte España; Census Bureau)

Julian Nida-Rümelin
Philosoph und Kulturpolitiker

Foto: David Ausserhofer

Julian Nida-Rümelin
**Philosophie
einer humanen Bildung**

248 Seiten
Gebunden mit Schutzumschlag
Euro 18,– (D)
ISBN 978-3-89684-096-7
Auch als E-Book erhältlich.

Bildung braucht wieder eine kulturelle Leitidee

Die deutsche Bildungskrise ist nicht nur eine der Institutionen,
sie ist primär eine der Ideen. Überall herrscht Überforderung
und Unzufriedenheit: bei den Lehrern, den Eltern, den Kindern
sowieso, auch bei den Politikern. Unseren Bildungsreformen,
so Julian Nida-Rümelin, fehlt die kulturelle Leitidee.
Nida-Rümelins »Philosophie einer humanen Bildung« gibt
den Anstoß zu einer neuen gesellschaftlichen Verständigung
darüber, was Bildung bedeutet: für uns, für unsere Zukunft,
unser Bild vom Menschen.

www.edition-koerber-stiftung.de

Wir wollen anstiften.

Mehr erfahren: www.koerber-stiftung.de
Mehr erleben: www.koerberforum.de
Mehr lesen: www.edition-koerber-stiftung.de